我的老公是
美女檢察官

目錄

作者序　陳漢章

　　「終於來了！」這是我接到出版社邀約第一時間的想法，對我來說，這一點都不意外，我知道自己的故事在外界眼中，是個有趣且值得挖掘的題材。

　　但坦白說，在此之前我並沒有出書的念頭和衝動，因為檢察官在某種程度上算是文字工作者，每天繕打大量的文字也是工作內容之一，上班已經夠忙碌了，下班還要經營社群並企畫內容，對我來說非常燒腦，甚至有點加班的感覺，要是再花時間出書，會是一股很沉重的壓力……。

　　不過，因為太座很喜歡寫文章，如果藉由我能讓她有出書的機會，我認為是滿不錯的嘗試，所以還是答應了出版社。雖然時間和精力都非常有限，有些過程和心情無法鉅細靡遺地交代清楚，但我想已能夠滿足「多數人」的好奇心，藉由這本書窺探我的生活，也希望像我一樣被歸類為「少數人」，或是有類似經歷的讀者，能在這本書找到共鳴，透過我的經驗分享，將來都能勇敢地面對困難或做出適合自己的抉擇。

作者序　雪兒

　　「當作家」是我小時候的夢想，知道有出版社找上門時，真的很開心，出書成就 GET ！

　　因為我的個性比較隨興，想到什麼就寫什麼，雖然有些故事曾在 IG 曝光過，本來不打算再提，但想一想，看這本書的人不見得都有追蹤我的 IG，所以還是決定保留下來。

　　如果我的這些經歷，能讓喜歡浪漫、相信愛情或身為女友／人妻／媽咪的妳，看了之後會心一笑，甚至感同身受，那麼，請容許我封自己為「說故事大師」吧！

一、進化

　　國中時期的我，是個瘦小、平凡又不起眼的男生，資源也極為有限，加上那時沒有便利的網路購物，所有東西都得在實體店面取得，所以一開始，當然是往家中唯一的女性，也就是我媽媽的衣服、物品動腦筋。但畢竟媽媽的衣物與自己想要的款式還是有差異，隨著年齡增長，偷穿媽媽衣服已漸漸不能滿足我的慾望，進而開始想要花自己的零用錢，去購買符合自己身形和品味的衣服。

　　喜歡女生的裝扮，這對我來說可是一等一的大事，但當時深怕被別人知道，因為從家人或朋友的口中，都可以隱約察覺，大家把「娘娘腔」或「男生身上有些女性元素的人」當成笑話或是件不好的事，常會聽聞「你怎麼跟女生一樣」、「娘娘腔」、「娘砲」等貶抑的指責口氣，而我的個性喜歡與人相處，不想成為被大家討厭的人，所以我知道如果要與周遭的人保持良好關係，這件事可能會永遠成為我的祕密，絕對不能被周遭的人察覺，所以對於自己去商店選擇、購買女生的衣服，於我而言真的是需要鼓起十足勇氣的大事，現在想起來，心臟還會有種收緊的感覺。

　　買一件衣服對大部分的人而言，是再平常不過的事，但當時的我，從心理建設、資金籌備、行程規劃到口語練習，可是要花上好幾天的時間。

　　我第一件想買的衣服，就是我們學校的女生制服。我就讀於台北市立金華國中，當時日常活動範圍，只有在住家附近與學校周邊，不曉得西門町有條制服街，只知道有個地方買得到制服，那就是學校的福利社。但是學校福利社可是同學很常去的地方啊！尤其是下課時間，一堆人在福利社的，被發現的機率實在太高，所以到底要怎麼要去買女生制服才不會被其他人知道？要對福利社阿姨說怎樣的謊，才能說服她賣我衣服？如果真買到了衣服，我要藏在哪裡？

要怎麼帶回家？當時真的想破了頭！

　　有一天，我在上課時間出去上廁所，突然靈機一動，我可以藉口上廁所偷溜出來買衣服，然後把衣服藏在學校內沒有人會去的地方，等放學再拿走就好了！於是我豁然開朗，一個自以為聰明的計畫就這麼定下了。

　　後來我依照計畫，在上課中向老師聲稱我要去廁所，然後用跑百米的速度從教室衝往福利社。到達福利社前，我先在門外稍事喘息，做個簡單的心理準備，再假裝若無其事地進入福利社內。我以為，我可以口氣平和且沉穩地對福利社阿姨說：「我要幫妹妹買女生制服！」（當然，我根本沒有妹妹，這個理由現在想起來，簡直要笑掉我的大牙。）事實上，我還是忍不住臉紅、口吃，眼神閃爍地和阿姨對話，但她好像沒有疑心似的，問了我需要的尺寸大小，然後就賣我了，讓我大大地鬆了一口氣，原來這是一件那麼簡單的事，就跟到便利商店買飲料一樣簡單啊！心裡忍不住大喊「我到底為什麼要做這麼久的前置作業！」

　　當我拿到那制服的那一刻，各位可能不知道我有多感動多興奮，那種悸動，如同取得渴望許久的稀世珍寶，整個人彷彿騰雲駕霧了起來……。稍微回過神後，我知道現在還不能鬆懈，必須要按計畫迅速抵達預定的地點把東西藏好，直到回教室那一刻，心中的大石頭終於落下，但這件事實在太令我興奮，那天上的課都聽不進去，一心只想趕快把我的寶物帶回家。

　　不過，這東西若是被家人發現，也是件不得了的大事，所以我在進入家門前，先把衣服包好，藏在當時住家大門外的逃生空間某處，一直等到夜深人靜，才偷偷地溜出去，享受這屬於我的時刻！（現在走筆至此，我的心跳仍會不自主地加快。）

　　成功擁有第一套屬於自己的衣服，接下來只要如法炮製即可，事實上，我也沒遇到什麼真正的麻煩，現在回想起來，當時其實只要臉皮夠厚，買女裝根

本是輕而易舉的小事。但隨著時間經過，我的女裝愈來愈多，存放空間逐漸變成一個問題。當時我想起了偶然在家中衣櫃深處發現的廢棄行李箱，便將我的寶貝們都放在那個蒂芙尼藍（Tiffany Blue）的行李箱裡。但穿過的衣服總是要清洗，我只能等到爸媽偶爾不在家時，把寶物們拿出來清潔。就這樣，這個行李箱陪著我一路走到高中畢業後搬家前。

　　我永遠記得第一次穿女裝出門這歷史性的一刻。那天，我大概比平常早一個小時出門上學，因為那時家人都還沒起床，出門後，我立即到附近事先找好的隱蔽場所，偷偷摸摸地換上女生制服，然後一改平日搭公車上學的方式，選擇走路前往學校，在那約半小時的路程，我可以享受屬於女生的時光，等到了學校附近，再找個祕密基地把衣服換回來，這是個完美的計畫。當我行經還在興建中的大安森林公園時，路旁剛種下的細小樹木、綠色的天橋、綿綿的細雨、自己異常的心跳速度、低著頭走路的我和粉色的制服……，我終於完成了夢想，我快樂極了，只是我不能把這份快樂分享給任何人！

　　我高中時期最好的朋友，姑且稱他「林同學」吧！我們座位幾乎一直在附近，一起打籃球、一起解數學、一起補習、一起嬉鬧，在我高中生涯的後半段，林同學確實是佔有相當重要地位的人物。最近我與睽違二十幾年的林同學見面餐敘，他看到我時表情相當詫異，結結巴巴地問：「我以前怎麼完全沒發現你喜歡做女生裝扮？」我笑著回答：「那當然，我可是在用生命隱藏這件事啊！」但沒說出來的是「高中的你知道我這樣，還會跟我做朋友嗎？」就是這種自我懷疑、不想失去朋友的心態，讓我整個國、高中時期，都在偷偷摸摸地做自己，只能趁夜深人靜，讓自己的心情得以解放。

　　時間不斷地推進，我考上私立東吳大學法律系後，人生終於進入了夢想中多采多姿的大學時期，除了玩社團、聯誼、混夜店、玩車、打電動、窩網咖樣樣來，當然少不了交女友，只是因為相處時間甚長，如果不向對方坦承這個祕

密，我幾乎沒有機會可以穿女裝，所以第一位知道我這個祕密的對象，就是我當時的女友。原本我緊張得要命，怕女友覺得我是變態，想不到她的反應很平靜，不但覺得這沒什麼，反而給我許多意見，甚至陪我逛街購物，鼓勵我一起穿女裝出門。從那時候，我才算真正開啟了女裝之路，但經過發育期的我，身型、聲音都更加男性化，無疑是雪上加霜、困難重重。

開始穿女裝出門後，我又面臨一件棘手的問題，因為對於女裝的穿搭，一直以來我都是閉門造車，這種情形是極為危險的。男生對於女裝的認知本來就很淺薄，像我這種幾乎沒有女性友人的直男，除了看到女生穿制服的一面，根本不了解女性私服是如何搭配，所以直男常接觸的二次元、電影或成人影片，裡頭的女性服飾，對於當時的我影響很大。那時候我認為漂亮、心動的衣服，往往都不是一般女生會穿出門的款式，加上當時我已經長到一百七十四公分，體型也因為狂吃、狂玩加上熬夜，變得有點福態，所以基底已經不好，身高又高於一般女生，加上自己怪異的服裝搭配，那打扮簡直就是個悲劇，其他人大概都會把我當成怪物般的存在吧！我後來發現，許多異裝者都會經過這段時期，應該說是通病嗎？內心藏著少女但是過著直男生活的我們，嚮往的女性穿著其實是相當不實際的，也因為當時不常逛時裝店和百貨公司，鮮少觀察女生的穿搭或試穿衣服，都是在網路上看到喜歡的衣服就下訂，或是到五分埔之類的地方衝進店面直接買了就走，所以很容易變成自我感覺良好，事實上卻過於暴露、充滿風塵味、二次元感超重或與自身超級不搭。當然，我也不是說這樣一定不好，偶一為之當然 OK，因為最重要的畢竟是滿足自己的內心，但如果要融入社會、讓女裝成為日常穿著，就不得不多下點功夫。

大學期間我幾乎沒有認真上過課，加上父母也不會干涉我的生活，我可以穿女裝的機會就更多了。但那時因為醫美並不發達，為了做女裝打扮，我先是從拔鬍子、拔腿毛、修眉毛手毛及戴隱形眼鏡等美化外觀的工程開始，並在女

友的幫助下購買假髮、內衣、保養品和開架彩妝用品。由於那時候我對於女性的觀察還是非常不足，無法對症下藥，讓自己的外觀趨近女性，加上手頭並不寬裕，很多物品都是將就著使用，例如衣服、鞋子因為不敢試穿，買回去才發現太小，但不死心的我硬是要穿出門，不僅把腳弄得血肉模糊，還可能嚇壞不少路人，真是對當時可怕的自己感到萬分抱歉。

　　大學畢業後，可能有十五年左右的時間吧，穿女裝始終停留在偶一為之的程度，也就是只有在家、出遊、假日才能穿，但這段期間，我一直嘗試不同的風格，從森林系、辣妹系、歐美風、蘿莉風、民俗風、OL 風到學生風都有，因為當時我認為女生應該想穿什麼就穿什麼，不應該為某種風格或派系所拘束。但當時我自身的條件，不管是體重、肌肉或毛髮，都沒有調整好，穿什麼衣服都充滿濃厚的男扮女裝感，而且為了掩飾腿毛，明明熱得要死還是穿絲襪；為了用長髮修飾臉型，整天戴著像是緊箍咒般的假髮，真的快要累死。但我還是有自知之明，知道自己只能趁著夜色掩飾，比較不容易被發現我是男扮女裝，所以我時常晚上穿著女裝出門，即使只走一段路也好，逛 ZARA 和 H&M，是我最幸福的時刻。

　　我有個非常深刻的記憶，當時敦南誠品是二十四小時營業，所以我常在深夜時段去逛誠品順便買書。有一次，我照常走在一樓門口處正要離開，幾個男生迎面而來，對著我使用很奇怪的眼神然後笑了出來，那笑容很明顯是在看小丑的感覺，我馬上知道被識破了，緊張、羞愧的情緒讓我立刻想逃跑，但當時穿著跟鞋，而我還對穿跟鞋走路仍很不習慣。結果一個踉蹌差點跌倒，鞋子都噴飛了，雖然我人生的糗事可說是一籮筐，穿女裝出去結果鞋子噴飛、鞋子斷跟的次數，早已超出五根手指頭，但這次的遭遇，讓我至今無法忘懷。那個時期的我，認識了現在的老婆，交往之初我就告知她我的「怪癖」，她聽了見怪不怪，並時常熱心地提供意見，但有時也會因此惹得她不高興，因為怕被別人

認出我是男生（我想當時應該很多人看得出來）而心裡受傷，我變得異常膽小，我們一起出門時，我總是避免與他人接觸，不但會閃躲他人眼神更不敢出聲，就算開口也是難以辨聞的聲量，窩囊的表現常常使她發火，但其實我也是千萬個不願意，我也想很自然、很自信地表現自己，但我知道我還沒達到這種程度啊！

　　一直撐到醫美興盛的時代來臨，這個我認為比較畸形的狀態，終於有點改善。當時我厚著臉皮到診所，要求醫生幫我進行治療，於是在除毛、肉毒小臉、玻尿酸等微整手術的加持下，加上規律運動，身形漸漸瘦了下來，不僅外觀更柔和，減重後也比較可以穿得下其它樣式的女裝，慢慢地掌握到適合自己的穿著方式。但真正開始向周遭朋友坦承自己喜歡女生打扮，其實源自於一件意外。有一天，我參加地檢署舉辦的環境教育課程，但我睡過頭，起床後匆匆地穿著涼鞋開車前往集合地點，就在與從司法官訓練所（現稱司法官學院）以來就一直很要好的朋友 L 會合、照相時，L 突然指著我的腳趾說：「陳漢章你怎麼塗指甲油？太三八了吧！」當下我驚嚇到不行，因為我完全忘了，卻好死不死穿了涼鞋。後來我心一橫，在吃飯時向 L 全盤托出，並請他幫我保守這祕密，其實我原本以為我說出來，他應該會不要我這個朋友，意外的是，他居然相當淡定地接受了這件事，雖然之後他常常戲稱我「娘砲」，但我還是對他感激涕零。就這樣，我開始在各種不同的機會中，逐漸地將我的祕密透露給周遭的好朋友們，這些兄弟們居然一個都沒有離開我，依然照顧著我，還常常給我意見，甚至還有朋友把我的照片拿給不認識的人看，徵詢他們的意見，然後高興地回來跟我說：「他們覺得你很漂亮，你很成功喔！」如果沒有這些朋友，我絕對不可能過得那麼順利，人生有這麼一群兄弟，還有什麼好要求的呢？

　　得到朋友們的支持，我慢慢地累積了自信，開始敢獨自到專櫃試穿，嘗試比較多的品牌服飾，同時從日劇、韓劇和社群軟體上研究我覺得漂亮的女性打

扮，簡直到忘我的程度。原本只是留著長髮、穿著中性的我，在四十一歲那年，終於忍不住內心的慾望，某天我心一橫，開啟了穿著女性化服飾上班的時代。當時我是負責公訴蒞庭的檢察官，負責到新北地方法院開庭執行公訴業務，這業務與偵查檢察官不同，偵查原則是不公開的，但法庭審理活動基本上是公開環境，如果不是法定應祕密審理（例如性侵案）的案件，任何人都可以來法院旁聽，那時我的外表離現在不遠，但是聲音尚未改變，有一次地檢署的學姐帶著小朋友們來旁聽我開庭，事後學姐告訴我，大家看到我的外表再聽到我的聲音，都一頭霧水地討論我到底是男生還是女生。（讓小朋友的法院教育行程歪樓了，真是抱歉！）

　　一開始以完全女性化的穿著上班時，我其實很擔心同事和長官的眼光，不敢與同事們對到眼，也盡量避免碰到長官，這樣的日子大概過了快一年，但因為疫情，其實彼此見面的機會也不多。不過，我不知道腦袋哪邊又出了問題，突然領悟了兩件事：「如果你把自己當異類，別人就會把你當異類，如果你表現得親人、和善，別人反而會因為你好相處而想進一步了解你，並把這件不尋常的事情視為理所當然。」、「看起來美好的事物，可以緩和人們對於它異常部分的不適感。」於是我一改之前畏畏縮縮的狀態，除了努力打扮，更假裝有自信，遇到人就展現笑容跟對方打招呼，並積極地參與大家的活動，就這樣，我驗證了前面那兩句話的真實性。當周圍的人視我的穿著為日常後，許多原本不太熟悉的同事和新進的學妹們，都很想要了解我，大家見到我也會主動地稱讚我，我的人際關係變得越來越好，而且原本假裝的自信，逐漸轉換為真實。在這階段，同事們變成了我的保護傘，達成我以為永遠無法實現的夢想。

　　如果有一天要離開新北地檢，我一定會難過得痛哭流涕，沒錯，我就是個愛哭鬼，怎樣！

二、女裝癖老公的優缺點

先說說缺點好了！畢竟我對這一切是懷恨在心（到底怨念多深？），沒有先發洩，當然說不出好話啦！

還沒修練成當今檢座的他，很沒自信且不敢講話，出門畏畏縮縮、音量又小，舉凡點餐或買單等需要與人接觸的時候，都是我出面。雖然我自認沒有公主病，但女生都是喜歡被服務的，跟男朋友約會卻要做這些事情，聊天的時候還經常聽不清楚他在說什麼，一直「蛤？蛤？蛤？」，我也覺得自己很討厭。交往時檢座只有假日才會穿女裝，但偶爾我會在假日跟朋友聚會，若要攜伴參加，他都不太樂意，不過我也沒那麼在意他要不要出席，畢竟他在旁邊覺得無聊，我的壓力也很大，只是有時候搭友人男伴的便車，我卻無法提供「對等服務」，我會很不好意思。或是聚會結束檢座來接我時，大家會陪我等，偏偏穿著女裝的他不能被看到，我只好提前一個街口下車，或是假裝路線不便甩開朋友，到某個見不得人的地方再上檢座的車，為什麼交個男友要這樣鬼鬼祟祟？印象裡有次也是參加朋友聚會，他送我到目的地時，我正要開車門，他忽然驚慌失措大喊：「等一下！那個是不是妳同學？」馬上阻止我下車，我只好待在車上，等到同學遠去才得以下車（白眼）。

他也曾經載我回娘家吃飯，因為穿著女裝不便現身，寧願在路邊等我，但「回家吃飯」這件事大家應該很清楚，除了吃飯還有寒暄，一定會花點時間，結果這傢伙在我告別娘家上車時竟怒噴：「不是去吃個飯而已嗎？怎麼去那麼久？我就一直在怠速等妳……」我內心的 OS 則是：「艮！你是北七嗎？回家吃飯怎麼可能吃完馬上下樓，你當我回娘家是吃路邊攤嗎？自己不會抓時間到處晃晃，到底在靠北什麼？」（當下應該直接脫口而出，說不定就直接分手，人生也不會有這麼多 OS）

其實他的女裝癖，一度也造成我跟娘家的隔閡，因為他很珍惜休假時間可以換上女裝，所以我回娘家時基本上他都不太去，導致家母覺得我老公怎麼那麼生疏，都不願意來往，讓我真是「有苦說不出」。後來我實在不想再隱瞞，就跟檢座商討讓家母知道這個事實，告訴我媽之後，她釋懷了，我也鬆了一口氣，人森啊……。生了小孩後我也是經常自己帶著小孩參加朋友聚會，由於沒有檢座幫忙，我出門都是一身輕便，但也很容易漏東漏西造成不便，還好我的朋友個個都是賢良淑德，小孩的東西都不會漏，偶爾支援一下倒也無妨。印象很深的是某次參加朋友寶貝的抓周活動，那個地方沒有電梯，推著嬰兒車的我看著樓梯傻眼，還好後來是我抱著太子、友人男伴幫忙扛嬰兒車上樓。日積月累下來，產生不滿很合理，經常覺得自己很孤單，我也不想回憶那段難以言喻的日子，儘管手裡抱著太子覺得幸福，可是轉頭看到檢座，又有點悲從中來。

洗衣服時我的內心戲也很多，男生的衣服多半就吊嘎、T-shirt、襯衫和褲子，難道是因為太單調，導致檢座有女裝癖嗎？而且男裝隨便掛上去就晾好了，但我家的衣服，哇靠！怎麼落肩、露肩和低胸款這麼多？如果沒夾著一定會滑下去，細肩帶也很會滑，運動內衣胸墊更是麻煩，還要翻來翻去調整好；吼～奶罩也太多件了，專用洗衣網裝不下了啦！這件內褲到底是誰的？我不想要穿到他的內褲……。家裡就他的衣服最多，佔據了三個房間，我和太子的衣服加起來應該不到他的三分之一吧！看他一直買，我心理也會不平衡，所以就跟著買，但是買了沒有空間收納，多少降低買衣服的樂趣。

偶爾出門打扮需要搭配項鍊，如果指甲長了不好戴，我會請檢座幫忙，但我忘了他的指甲總是比我長，弄了半天，我都快被勒斃他還沒扣上去，更別肖想什麼老公幫老婆戴項鍊，戴好後轉頭親一下那種浪漫畫面，我只有忍了好幾次想轉頭一巴掌打下去的衝動！平常會忽然莫名聽到他的哀號，喔，原來是指甲太長反折啦！從原本心疼他受傷，到後來習以為常，最後怒譙他留那麼長除

了礙事，還不時大呼小叫擾民。

假日早上如果要下樓買早餐或是叫外賣，別人的老公可能馬上就可以下樓處理，但檢座起床到出門（即使只是下樓），至少需要半小時，這個時候如果不想餓昏，就只好自己下樓了。另外，有男孩的家庭假日幾乎都會往戶外跑或游泳，但檢座擔心曬黑和頭髮被吹亂，加上穿泳衣需要很多前置作業等等，所以我們很少帶太子去戶外活動，只能逛街喝下午茶。我知道這個行程很多人很愛，但買到一個程度，該買的都有了，一直喝下午茶，我要做多少運動來消耗那些熱量？他為了維持纖細的身形，力氣明顯比當男生時小很多，搬比較重的東西時，就會聽到他在碎嘴怕手變粗變壯，一開始我會充滿怨氣，乾脆自己搬，後來想想不對啊，你怕變壯，難道我不怕嗎？便充耳不聞放手讓他搬了。

印象深刻的是在我懷孕三到四個月時，他去做手臂抽脂，因為怕麻煩我，所以自己搭車來回。回家後麻藥還沒退完，所以他倒頭就睡，晚餐準備差不多時我喊他起床，看他從房間出來，我轉身回廚房繼續忙，忽然傳來一聲巨響，嚇得我從廚房飛奔出來，只見到檢座趴倒在玄關動也不動，還好人還醒著，馬上把他扶回房間，聯絡診所請人來確認到底發生什麼事。現在回想起來，還滿佩服自己的耐受度，到底為什麼一個孕婦要承受這些事情？

還有一次在飯店吃飯，我們帶著太子剛入席，我去了洗手間，結果發現一個熟悉的身影，正在覺得不妙時，那個人忽然朝我靠近，定睛一看，哇！是檢座的同事。對方很熱情地打招呼，問我跟誰來，聽到我帶太子和檢座一起來吃飯，她歡天喜地想抱抱太子，我只好露出尷尬又不失禮貌的微笑說：「我們吃飽了趕著要回去，小孩要睡覺了，下次再約。」接著馬上回到餐廳向檢座報告遇到熟人的事情，他果真嚇得抱起太子拔腿就跑。到底為什麼，連吃個飯都要這麼緊張？為什麼我要一直為他說謊呢？怨念就是這樣一點一滴累積的，所以他也不能怪我愛酸他，畢竟老娘就是每天在包容這些「異於常人」的小鳥事，

而他每天都在達成自己的理想，忍耐本座的靠北，我覺得合情合理。我相信他偶爾也會有招架不住的時候，但我也讓自己心理強大到「離開我是你的損失」，一路走來，我始終沒有「選擇」放棄這段婚姻，如果要放棄，請記得那是「你做的選擇」。

　　嗯⋯⋯差不多可以來說說優點了。我對於保養和美妝都很隨興，看檢座這樣早晚塗抹、認真精修妝容實在萬分佩服（其實是白眼），看他這麼努力，我也開始認真保養起來，原本我想讓自己「自然老去」，但做為一個有羞恥心的人，美貌輸老公萬萬不可，所以他也間接逼迫我開始認真逆齡成長，畢竟年紀有了，沒有好好照顧自己，外貌及健康真的會直線下滑。因為檢座對自己很好，所以能共用的東西，我就理直氣壯地用他的直接升級了；過去我的保養品、化妝品都是開架式的，檢座有自己的梳妝台後，我的梳妝台就荒廢了，因為他的東西琳琅滿目、排列整齊又是專櫃品牌，我整個被吸引過去，以往他來用我的梳妝台，常常擦完乳液忘記蓋上蓋子，我都會很生氣，後來我用他的，不蓋就算了，反正不是我的東西（這麼說好像也不太對，畢竟他的就是我的啊！）。而且使用他的梳妝台，我幾乎是一坐下就可以開始用了，這有什麼好值得一提嗎？當然有！為了讓妝感服貼持久，使用彩妝蛋、海綿或刷具是很重要的，但我很懶，以前都是徒手直接塗抹在臉上了事，但檢座的那些化妝工具，他都會仔細清洗，所以我隨時都有整潔順手的梳妝台可以使用。

　　至於服裝，以前我比較常買平價快時尚的品牌，因為檢座走質感路線，所以跟著他逛起精緻品牌的衣服。高級的衣服多半要送洗，這點我們又持不同意見，我認為送洗衣服就是增加衣服的成本，檢座則認為衣服送洗才能保持它的價值。檢座超喜歡逛街，所以不會有多數男生陪女生逛街不耐煩的問題，他只會氣我逛了老半天沒買東西，有「徒勞」的感覺。有個這麼「特別」的老公，讓我對不同族群及癖好的人，多了很多同理心，並更能以不同立場去看待事

情。我曾經在網路出售不會再穿的高跟鞋，有位買家買了鞋，後來又問我有沒有賣絲襪，讓我漸漸地認識了「戀物癖」。一開始自然是無法想像怎麼會有這種族群，後來發現這是一種天性，有的人就是偏好某些東西及氣味，理解之後就不覺得奇怪了，就像大家對榴槤的反應很兩極一樣（榴槤真是很好拿來當例子的東西），只是個人好惡問題。

滿多人會抱怨請伴侶幫忙拍照，都會被拍得很醜，但檢座完全沒有這個問題，拍照的時候拍到滿意為止，拍不到滿意的就修到滿意。他一直很努力維持在最佳狀態，有一次他的朋友幫我們拍了一張全家福，但那畫面一點都不溫馨美好，看起像是一位漂亮媽媽帶著帥氣小男孩，旁邊跟著保母，我說的漂亮媽媽當然是檢座，因為我看起來就是個歐巴桑呀！當下雖然很想槍斃攝影師，但自己沒有認真保養要怪誰？該槍斃的是自己吧……。被刺激到後我開始運動，一年多瘦了十公斤，體態和氣色都明顯變好，而且我很喜歡有力量有肌肉的自己。以前我很不喜歡運動，但當運動成為習慣後，過程是愉悅中帶著一點痛苦的，而運動帶來的轉變，又是另一種愉悅，有這麼多好處，大家還不趕快動起來嗎？有一天檢座跟我說：「妳現在的照片都不用怎麼修了耶！」當下我非常有成就感，偶爾不小心看到舊照回顧，只能用「慘不忍睹」來形容曾經的自己，所以我也必須感謝檢座讓我又年輕了一次。

我跟自己說過，我一定會讓娶我的人感到幸福，所以很努力充實自己，不管在各方面，都希望身邊的人能感受到「有我真好」。一開始我確實是付出與包容比較多的一方，畢竟以前的檢座脾氣比較大，甚至為了小事把我罵哭。直到檢座開始以女生的樣子生活，對於這項改變的不滿，讓我不願意那麼「努力」，他變成付出較多的一方，但我對他的包容並未停止，只是從過去包容他的壞脾氣，變成現在包容他的女裝癖（到底為什麼要這麼辛苦？）。我確實很羨慕有些網美與另一半的外型很匹配，兩人一起上鏡頭感覺很甜蜜浪漫，我卻

只有「裝瘋賣傻」的閨密路線（其實只有我在瘋，檢座一直都是優雅風格），我只能說跟一個「異於常人」的老公一起生活，只好比他還瘋了！雖然老公「從王子變公主」令人憤怒，但如果「從王子變王八」會不會更令人厭惡？（到底為什麼要這麼極端？）

　　這就是我一直在強調的「選擇」，你選擇了什麼樣人生，就該相信自己的選擇，然後開心地走下去。我正是因為選擇跟檢座在一起，才有這麼多故事可以寫出來博君一笑，雖然有時候我確實寫到很想哭，但我也可以選擇不要哭繼續笑，畢竟好笑的事一定比好哭的事還多，就看要不要去發掘了。

三、我的太座

很多人會好心地提醒我：「『太座』是尊稱他人太太的敬語啦！」表示我用錯稱謂了，但其實我太太在我公開女性化裝扮後，開設了一個叫做「檢座怎會大過太座」的 IG 帳號，所以後來網友都稱呼她為太座，我在 IG 上稱我太太為我太座，並非用詞不當，合先敘明（以下也以太座來稱呼我太太）。

我跟我太座第一次見面，是在她朋友 C 的生日趴，我們並沒有太多交集，她說，當時她只覺得我是一個頭很大的人（生氣！），第二次則是在她朋友 L 的生日派對上，我還記得當時派對有 Dress Code，要打扮成影視人物，我跟朋友一起到太座與她朋友坐的位置，想要聊天順便敬酒，當時她坐在地上、抬頭看著我們，笑笑地說她扮的人物是黑木瞳，說真的，我覺得她當時是臨時瞎掰，因為她的裝扮實在不太符合主題，不過這不是重點，重點是我覺得她是有氣質的大眼美女，從上方看下去，更有種楚楚可憐的感覺。

參加這個派對，是在我準備國考的期間，一定有人會認為「為何準備國考還有心情跑趴？」我說過，我是個非常怕孤單的人，在準備國考期間其實談了數段感情，而每次失戀後，我都會因為這種孤獨感，沒辦法靜下心來唸書，只好先追求下一段感情來平復情緒。在遇到太座之前，我正為了失戀所苦，所以當時我拚命地想認識女生，而且是拚命到有點誇張的程度，後來終於在上面的時間點碰到太座，派對結束後我提議要送她回家，她同意了，讓我內心瞬間拉桿了一下，因為我知道「有獨處就有機會」。當時太座住處不在台北，所以我載她回家算有點距離，在途中，我順勢邀約了下一次的吃飯時間，她可能是為了答謝我送她回家，所以也就答應了。後來的相約過程中，我們聊得很融洽，心中慢慢認定她就是我要找的對象，太座也覺得我很有心，因為我幾乎天天遠距離開車來找她。有一次在公園散步的過程中，我自認有九成的把握，便默默

地牽起她的手，她則以握緊我的手回報，我們就這樣在一起了。當時的太座在補習班擔任英文老師，我每天在圖書館唸完書後，就會去補習班接她下課，接著一起吃飯、逛夜市等。因為每天往返時間實在太長，後來我索性在她家附近租了一間房子，然後到附近的圖書館唸書，藉此拉近距離。

　　轉眼間又到了下一次的國考，我還是不幸落榜，但太座仍對我不離不棄。太座的母親知道了這件事後，找我進行了一次談話，要我不要再跟她女兒在一起了，因為這樣會妨礙我唸書，但我當場就拒絕了未來岳母大人的提議，我跟對方說：「我不會因為這樣就放棄她的，而且她對於我考試是助力、不是阻力。」之後我也告訴太座：「謝謝妳的陪伴，只要我考上，就立馬娶妳入門。」

　　後來太座找到一份位於內湖公關公司的工作，當時我們倆已經形影不離，所以我們決定到內湖租屋一同生活，那時我們非常愜意，一同裝潢房子、買家具，當然也一同玩樂。準備考試的期間，她未曾給我任何壓力，就算我迷戀彈鋼琴，她也不會要我去讀書，還陪我一起打電動，讓我的心靈獲得療癒，我真的很感謝她。就像我前文所說，一開始交往時，我就有告知她我有女裝傾向，她也沒有因此嫌棄我，更陪我一同打扮；在我生日那天，她還把我的女裝照片製作成相本，裡面有許多她手工的圖片，收到如此用心的生日禮物，我非常感動，即使現在我根本不敢打開相本回顧以前的自己。這一年，我花在讀書的時間，大概比前一年少了一半，但因為心情獲得放鬆，所以可以從容面對考試、發揮實力，終於在這次司、律考試中雙榜。

　　交往期間到結婚後，我們經常出國旅遊，像是我落榜後，曾一起去西班牙散心，後來太座轉到台北 101 公司工作，我也有幸可以參加他們的員工旅遊，到法國走一遭；待我終於榜上有名後，我們一起計畫第一次到日本自助旅遊，這趟旅程自此開啟了我與日本的緣分。但其實我在認識她之前非常不喜歡出國，總覺得好麻煩，但認識她之後，才漸漸地這件事有所改觀，尤其是第一次

的日本自助行，真的覺得好快樂、好充實，後來我們幾乎每兩、三個月就會去一趟日本，我也因此開始學習日文，更取得了到京都大學訪問的契機。

因為很喜愛日本，我的求婚地點就是在日本京都，拍攝日本婚紗的地點則是在大阪。為了實現「我只要考上就娶妳」的承諾，考試放榜後不久，我們計畫再次去日本旅遊時，我便萌生要在此次旅遊中求婚的想法，悄悄地將訂婚戒指藏在行李箱中，還以為神不知鬼不覺。到了日本後我一直隨身攜帶著這枚戒指，等待時機成熟時便向太座求婚，給她一個驚喜。太座是個很喜歡浪漫的人，所以我知道求婚的環節絕對不可以省略，而且要充滿粉紅泡泡才行。還記得那天已經入夜，我們逛到京都的八坂神社，我發現裡頭有個祈求緣結的神社，突然靈光乍現，要太座上前祈願，太座也相當配合地答應了，但後來想想，自己這舉動其實有點突兀。等到太座向神明祈求完，我就從口袋中拿出戒指，對她說：「妳剛剛祈求的有應驗嗎？嫁給我好嗎？」見到太座點頭，我便幫她把戒指戴上，然後故作輕鬆地問：「求婚還可以嗎？」太座再次點頭，我按捺著內心的激動，微笑牽起她戴著戒指的那隻手。其實我後來才知道，太座在出發前整理行李時，已經發現我準備的訂婚戒，所以她早有預期我打算在旅程中求婚，只是不知道什麼時候會發生而已。

求婚時知道要帶點浪漫，但是結婚時我不知道為什麼，頭腦突然變得不太好使。其實我們參加過滿多場婚禮，但輪到自己舉辦終身大事時，我一直貪圖簡便，明明知道太座喜歡浪漫，我卻省略了唱歌、彈琴或跳舞這些表演橋段，當時她雖然沒說什麼，但事後我看到她對別人的婚禮中有新郎新娘的表演橋段投以羨慕的眼神，就知道自己徹底錯了。

說到這，我必須坦承，在轉換為女性裝扮前，我的脾氣可以說相當暴躁，動不動就為了一些小事生氣，自己也不知道為什麼，因此太座常常受我的壞脾氣所苦。例如有一次我和朋友相約吃飯，並不是什麼隆重的飯局，我卻因為太

座的小遲到導致無法準時赴約，在車上把她罵哭了，這樣亂發脾氣的場面屢見不鮮。後來回想，也許是當時年輕氣盛，加上長時間壓抑自己，所以脾氣一直很難控制，現在與老朋友們聊天，談到近況及一些處理事情的態度，朋友還會驚呼：「我記得你以前不是脾氣那麼好的人啊！」沒錯，現在的我有著一百八十度的大轉變，幾乎不太動氣，不論是工作或家庭，唯一會生氣的情形，大概就是要生氣給兒子看，讓他知道自己做錯事了。

自從我轉為女性裝扮生活後，太座一直承受著極大的心理壓力，一來身為直女的她，認為她的老公根本變成女生，讓她對我失去了戀愛的感覺，加上每天都得看到我，心裡的無奈與憤怒更是層層堆疊，有次她忍不住透露，感覺是我拋棄、背叛了她，雖然我還是一直陪在她身旁，付出更多心力和時間，卻沒有得到正面的效果。除此之外，在我向媒體公開我的狀態前，那段期間為了避免他人尷尬，或讓家人受到傷害，太座還要為我的許多行為粉飾太平，免得讓大家懷疑我很奇怪，像是很多家庭或朋友聚會，以及小朋友的學校活動，她只能單刀赴會，這除了讓她更加難過、孤單，更增添了對我的憤怒。總之，那段期間太座身心狀態都很不好，所以也時常會對我發脾氣，我知道自己很對不起她，不會跟她鬥嘴，只能一直說「對不起」尋求她的諒解，導致自己那段期間猶如驚弓之鳥，只要太座臉色不好看或面無表情，我就會一直猜測她到底怎麼了、我該怎麼辦才好。

這樣的生活，大約過了兩、三年，放在 IG 呈現給大家看的，當然是比較美好的一面，背後沒有那麼順利。其實，這段期間我的內心也是非常痛苦、掙扎，我深愛著太座，但又不允許自己不去實現渴望了半輩子的夢想，我何嘗不希望在兩者之間取得平衡，但一直不得其門而入，期間我多次在網路爬文發現，許多前輩因為過不了這一關，走上離婚這條路，讓我更加惶恐，很怕這樣綁著太座，會一直對她造成傷害，也怕兒子失去正常家庭，卻又束手無策。我

唯一可以做的，就是盡可能地體貼太座，不對她生氣，也不碎唸她；如果她想花錢，我能力可及的話便一定滿足她，只要我有時間有能力，每天工作完畢就是開始整理家務及育兒，如果她心情不好，我便向她說對不起，為的就是讓她可以過得舒適點。但，這些努力似乎沒有太大的效果，她認為雙魚座的自己，追求的不只是親情而已，更需要愛情的滋潤，我卻沒有辦法給她，所以我即使做得再多、道歉再勤，都不是對症下藥。如此一來，我對她的好反而像是餵毒一樣，使她無法鼓起勇氣就此離開我，反而變得非常依賴。

新聞媒體說我獲得太座的諒解和支持，其實只說對了一半，太座雖然對我已沒有戀愛的感覺，但她還是非常關心、在乎我的，她知道「實現自我」對我來說是多麼重要，因此從來沒有要求我回到男生的樣子，所以媒體說她支持我，並沒有說錯。但，與其說她諒解我，不如說是「忍耐」比較精準，她在忍耐她的老公不見了！她失戀了！但又被我的黃金手銬綁死死的沒辦法走，要知道，忍耐到了極限一定會爆發，只是要以什麼型態爆發而已。這樣想來其實滿奇妙的，現在我與她的脾氣，與結婚時已有了一百八十度的反轉。

隨著我的女性化穿著公開後，我與太座都成了半公眾人物，她也逐漸因為透過 IG 漸漸地累積粉絲而有些事情可以忙，邀約也變多了，讓她這個家庭主婦重新與社會接軌，接觸的人事物變得相對豐富起來。雖然我不確定她內心變化的轉捩點，是因為什麼事件，還是經過時間的沉澱，但我發覺她終於擺脫自怨自憐的心態，開始放過自己，也開始計劃生活，讓自己過得更快樂、美好，而非一味地埋怨。

我們現在的關係其實滿微妙的，大家可能以為最終我們還是像是情人般相愛著，但這不是童話故事，現實生活總是不盡完美，為求讓彼此可以舒服地一同生活、經營家庭，我現在就像是她的親人、姊妹，我們是一家人，是一起經營家庭生活的人；以我的角度，我還是愛著她，並謹守結婚時對她的承諾，但

同時會給她足夠的自由、選擇權與保障，我想這就是我們經過磨合後，目前能達到的平衡狀態吧！雖然不知道這個樣子，是否會成為我倆最終的相處型態，但未來我還是會不斷地努力尋求她的認同，因為在這世界上，除了自我認同，我只需要尋求她的認同　這看起來好像很簡單，卻是我認為人生中最困難的事。

四、從初次見面到太子誕生

　　第一次跟檢座碰面，是在我同學的轟趴，大家先別激動！（有人激動了嗎？）當年的轟趴，就是同學邀請了幾個好朋友一起到家裡幫她慶生的溫馨聚會，除了我們幾個大學死黨，其餘皆是男性，而且都是她的「追隨者」。當年最猛就是她，現場氣氛看似一片祥和，但每個男人心裡都暗潮洶湧，那種盡在不言中又必須溫馨無害的肅殺氛圍，實在值得體驗一回。

　　那時的檢座也是「追隨者們」之一，在場男性自然會被我們這群姐妹以眼睛發射 X 光審視（要找對象，自然要用 X 光，才能看到內心深處的東西。）。事到如今，我覺得透視眼的深度就夠了，畢竟看到「重點」，才是這個年紀的樂趣之所在（什麼重點？）。看到檢座的第一眼，我心想：「長得不高，頭那麼大，眼睛又那麼凸！怎麼可能追到我那位天鵝般的同學呢？」總之，第一印象沒有太好。但當天的 Dress Code 是「紫醉金迷」，穿著一身淡紫色襯衫搭配酒紅色領帶的他，還是在身為西裝控的我心中留下印象，但因為他正追著天鵝跑，所以我也沒有太大感覺。後來追鵝停損時間到了，檢座就直接告白，結局是被打槍，當時我也早早把他忘記了。但我也要幫檢座說明一下，免得大家覺得他用情不專。我認為對一個人的付出遲遲無法得到相對的回應，早早更換下一個目標沒什麼不好，因為本座也年輕過，很懂那種永遠有備胎擺在身邊的感覺，不需要的時候不聞不問，需要的時候隨傳隨到，這種事本來就是一個願打一個願挨，就看挨打的人什麼時候醒囉！

　　當然，也有很多癡癡守候、終於等到幸福來臨的例子，癡情、專情自然很好，可是時間和青春寶貴啊！如果沒有遇到雙向奔赴的愛情，換個跑道試試看，說不定轉角就遇到愛，而且不多走走看看，怎麼知道什麼樣的人適合自己呢？如果是真愛，即使分開了，最後還是會兜在一起的，所以真的不用太執著

於一個不懂你優點的人。

　　第二次跟檢座見面，是在汽車旅館（不是你們想的那樣，稍安勿躁！），這次是同學的生日趴，只是受邀的人比較多，同學家裡裝不下，便訂了一間汽車旅館的大房間，裡面可以唱歌、打撞球和吃蛋糕那樣（不然還想怎樣？）。由於旅館位置比較偏僻，檢座便淪為工具人，負責去捷運站接壽星的女性好友們，我剛好上了他的車（也可以說是上了賊船吧！），一路上整車的人在聊天，聊到大家怎麼認識壽星、做哪一行……，很像聯誼那樣（提到聯誼似乎有點老派）。總之，當時我跟檢座的關鍵話題是，我是英文老師，隔天要去補習班幫小朋友上課，所以他說隔天可以載我去上課（真的很工具人）。到了趴踢現場，當年我仍是青春洋溢、散發魅力的可愛少女（嘔吐桶在此請用）。自然有其他精力旺盛的男子，自告奮勇隔天要載我去上班，只是因為我答應檢座在先，其他人的好意我只能婉拒，但內心其實很扼腕，明明選擇很多，那麼早答應給檢座載幹嘛啦！（大家千萬要記起來，到了魚池再開始挑魚也不遲！）隔天我上了檢座的車，由於路途遙遠，我們聊了很多，開始覺得這個人和我在同一個頻率上，於是交換了 MSN（又透露年紀），接著有更多聯繫，自然也開始約會起來。

　　約會過後，我覺得檢座真是太貼心了，遇到他彷彿是命運的安排！（還是命運的捉弄？）那時我在兒童美語補習班當老師，上班時間是平日晚上及週末，很難和一般的上班族交往，而且我家住桃園，正在準備國家考試的檢座為了和我約會，加上捨不得我舟車勞頓，順理成章地接送我往返台北桃園。只是，當時檢座對桃園不熟，好幾次違規停車被拖吊，有一天他不好意思地跟我說，領好車來補習班接我下班。當我靠近車門，發現上面有貼紙殘渣，他才坦承：「車又被拖吊了，本來不想讓妳知道，結果貼紙竟然沒撕乾淨……。」（車子被拖吊時都會在車門貼封條）

總之，檢座有很多小地方打中了我，而且在第二次遇到他之前，我和同事一起去新竹的普天宮拜月老求姻緣，當我拜好抬起頭，看同事還很認真地在祈求，在周圍兜了一圈才等到她拜完，好奇地問她：「妳怎麼拜那麼久啊？」「妳要認真拜，跟月老說清楚妳想遇到什麼樣的人，祂才知道要牽什麼姻緣給妳。」前輩這樣提醒，我馬上再拜一次，認真地跟月老祈求我的另一半需具備哪些條件。所以我跟檢座約會時，發現我跟月老求的點他都有，當下覺得他就是月老牽給我的真命天子，所以約會了幾次，其實也在等他告白，這一點我滿重視的，因為話沒講清楚，我不會承認一段關係正在進行。

　　被檢座告白的那天，記得是我從補習班下課後，和他在租屋處附近的公園散步，後來有隻流浪犬跑來示好，檢座就摸摸牠，好端端的，不知道為何那隻狗突然低聲怒吼、進入戒備狀態，檢座立刻舉雙手投降，狗狗確認他沒有敵意，才鬆懈離開。那一幕一直印在我腦海，只是我真的不知道發生了什麼事，難道狗狗是在對我發出警告「小心這個人啊！」（那怎麼後來又若無其事離開呢？）後來我們繼續聊天，檢座眼見時機成熟，就問我要不要當他的女朋友，同時伸出他的手，我當然點頭，接著把手放上去啦！那段時間的約會，真的有義無反顧跌入愛河的感覺，發自內心覺得這就是我一直在等的人，沒想到，某一天的約會，他忽然正經八百、面色凝重地跟我說：「我有一個不可告人的祕密……。」讓暈船中的我忽然覺得驚恐，內心滿滿的 OS：「靠！什麼祕密？是殺人犯嗎？還是有什麼前科？這麼嚴肅想嚇屎誰？」所有最糟的狀況在我腦海盤旋一輪後，他才說：「我有女裝癖。」讓我又忍不住 OS：「靠！就女裝癖而已，是在嚴肅什麼啦！」「靠！我以前在英國留學也遇過一個女扮男裝在追我！（訊息量有點大！）」「靠！我什麼靈異體質，專門吸引怪咖！」天公伯啊！（啊，喊錯！）月老啊！你在整我嗎？我哪裡會想到擇偶條件還要加上「非女裝癖」這條！還是月老對我話太多條件開太長的懲罰嗎？（淚奔～～）

約會時我已經掉入檢座這個坑（想必他已經盤算好時機），所以當時覺得女裝癖無傷大雅，我還是想跟他在一起。由此可見，事情敘述的順序會影響後面故事發展，溝通技巧實在太重要啦！我甚至懷疑他懂 PUA（並沒有）。如果他脫口而出有女裝癖，我應該會錯愕到直接奪門而出，所以他先給了我想像空間，其實自己嚇自己是最可怕的，等我嚇完自己後，得知真相沒那麼可怕，就比較容易接受了（是這樣子嗎？）。另外，我們在確認彼此的關係之前，檢座還有另外一個目標，是位律師，那時我們兩個對他來說，都是可以交往的對象（反正還沒告白就不算劈腿），只是他不知道怎麼選（是有選擇困難症嗎？），然後這傢伙就決定下一次的約會，差不多就該決定關係，看跟誰碰面同時就該跟另一個人慢慢疏遠，只是好屎不屎，那個人是我……，只能說「一切都是天意，一切都是命運，終究已注定。」（唱起來～）

　　我們跟所有熱戀中的情侶一樣，該做的事都做了（什麼事？就出遊、約會跟吃飯啦！），他為了多爭取一點相處時間，在我家附近租了間小套房（到底為什麼轟趴、汽車旅館和套房都出現了？），這點讓我很感動，因為他不只把我放在心裡，也想一直把我放在身邊。那陣子我做了一件自認貼心卻相當危險的蠢事，由於套房的床墊很硬（連床墊都出現了！），檢座覺得不好睡（沒睡好讀書沒效率啊！），那陣子政府發了三千六百元的消費券，而我上網時無意間看到有一款乳膠床墊剛好三千六，馬上梭哈下單，等床墊送到我家，立刻騎摩托車把床墊載到小套房，可是把床墊捲好塞在腳踏墊後，我根本沒地方放腳（錯誤示範請勿模仿），騎車時兩條腿掛在兩邊晃啊晃（還好我沒雷纏，腿還是很美），更深怕路上被警察攔下來關切。到了檢座的套房之後，氣喘吁吁地將床墊搬進房間鋪好，連床單都蓋上去，打算給檢座一個驚喜。

　　當檢座唸完書回來，坐在床上休息時，我興高采烈問他：「欸！你有發現這個房間有什麼不一樣嗎？」他到處看了半天，渾然不覺屁股下的柔軟度大大

提升，還說「燈光不一樣嗎？」「妳換了窗簾嗎？」當下我真的是白眼翻到後腦勺，真心覺得他視力有問題（結婚之後確實驗證了這點，因為相約碰面時他經常看不到我，最近更發現我 Line 他，他會漏看我寫的內容……）。交往沒多久，陪他經歷了一次落榜（可能因為陪考者是他的前女友不是我），然後我繼續當英文老師陪他唸書。考試那天，他因為擔心壓力太大，不想要我送他去或陪考，所以自己出門了，結果在家裡的我忽然接到他的電話，說他忘了帶錢包，我馬上出門送過去，還覺得幸好只是錢包，小事一件。這次放榜，檢座仍以 0.4 分之差落榜，雖然 0.4 分感覺是個很小的差距，但當年多達六十人以 0.4 分以內的差距飲恨，可見這個考試有多麼不容易。和家人認真討論過後，檢座決定再努力最後一年，到了考試那天，人在家中的我又接到電話，這次是忘了帶筆袋……。送筆袋過去的路上，我又在心裡 OS：「要考試的人沒有帶筆袋，是要血書嗎？」對考試結果更不敢抱任何希望，加上檢座考完回家後，說他填錯作答紙的順序，箭頭拉來拉去的，我聽了暗自覺得不妙，但也只冷靜地說：「沒關係啦！盡力就好。」現在回想起來，覺得很多人在說「沒關係」這三個字時，背後可能隱藏了很多情緒。

然而，這次檢座竟然考上了，而且是雙榜，此時此刻，我總算敢說自己是顆福星（也可能只是電動陪打夠多），大家也都鬆了一口氣，然後我們就結婚了（好像有點轉太快）。在等待考試放榜的期間，檢座帶我回台南見了他的阿嬤，阿嬤非常上道，一見到我就很熱情地牽著我的手，用台語問檢座：「你有愛伊嘸？你欲娶伊作某嘸？」（你愛她嗎？你要娶她作老婆嗎？）想不到檢座聽不懂台語，一陣慌亂後轉頭問我：「阿嬤在說什麼？」

檢座知道我是個在乎儀式感的人，雖然我常說「不重視過節日」什麼的（男生千萬不要相信女生的這句鬼話！），但他都會準備驚喜讓我開心（所謂嘴巴說不要，但身體很誠實？），所以求婚這件事萬萬不可省，不然造成無法彌補的缺憾，肯定會被唸一輩子（想不開多結幾次者不在此限）。

檢座放榜那時，我的工作是排班制，經常排休四天飛去日本玩，想當初檢座的日文程度，根本看不到我的車尾燈，過了幾年竟然把我巴掉了，不過這樣也好，我不用再負責講日文（然後就跟英文一樣「循序漸進」退化了）。總之，那次我們去日本的前一晚，檢座說護照、日幣等相關旅遊物品都已經準備好了，而我為以防萬一，在睡前檢查了他的包包，結果在裡面發現了一個可疑的小盒子，打開來看驚覺「吳～～～～～～～是個戒指啊！我怎麼自己破哏了！」只好若無其事地把戒指放回去，隔天兩個「各懷鬼胎」的人就一起出發了。這一趟，他一直在找尋適合的時機，而我則在等待那個時機，每次看到他在偷笑，我一邊問他「到底在笑什麼？」然後內心懷疑「難道是現在？」

　　有一天我們去了八坂神社，裡面供奉的「素戔嗚尊」和「奇稻田姬命」，是對感情極好的神明夫妻（但素戔嗚尊老婆很多，為什麼可以感情好？）。期待姻緣的人都會來這邊拜，檢座也叫我拜一下，但那陣子我走了很多神社，有點興趣缺缺，不過他一直叫我拜，我只好勉為其難地配合。拜完後，他忽然牽起我的手說：「妳的願望成真了嗎？」我一頭霧水地回答：「什麼願望？」然後忽然發覺手裡多了一個硬硬的東西（什麼硬硬的東西？），啊～～～～～～～就是那枚戒指啦！這時檢座又開口問：「妳願意嫁給我嗎？我要不要跪下來？」我當然願意啊！但當下後面還有其他觀光客，我不好意思讓他下跪求婚，也怕被吃瓜群眾圍觀而覺得尷尬，只是事隔多年，每每想起來都覺得，你就直接跪下就好啦，問什麼問，扣分！

　　隔天，我喜孜孜地戴著求婚戒指，坐在電車上看著它傻笑，還不時地摸摸戒指上的珍珠，摸一摸忽然發現，咦！珍珠怎麼好像在滾動？難道是我的錯覺？還是它是個可以滾動的設計，有時來運轉的概念？便轉頭問檢座：「這珍珠是活動式的嗎？它會動欸！」他摸一摸又看了一下戒指後說：「先不要戴了，珍珠沒黏緊……。」

籌備婚禮的階段，我的工作正好忙到爆，感覺一切都是在忙亂中進行的，但還是在日本和台灣各拍了一組婚紗照（到底是哪裡在忙？）。在日本拍的婚紗照，由於價格和內容都是透明公開，即使日文沒有很輪轉，還算滿順利地拍完。回到台灣後，那時婚紗品牌「CH wedding」正流行，但我自信地認為「人正拍什麼都好看，不必砸大錢去拍貴森森的婚紗照。」後來就得到報應，有天來到台北的中山北路，忽然被人拉了進去，因為相談甚歡，很快就簽了約（那時傻傻的，不懂哪些細節要問清楚），沒想到當天攔我們進門的是資深攝影師，後來接手的業務卻是別人，整個過程都挺不愉快的。首先是拍照穿的婚紗，不知道被穿過幾輪，脫線、掉鑽和蕾絲破洞都很明顯，但幫忙試穿的小姐說拍照看不出來，好吧！我勉強接受。後來要選婚宴當天穿的禮服，白紗已經沒那麼白，穿上去是不是代表新娘不純潔（就算是事實也不用明目張膽讓人知道吧！）？讓我挑得很不開心。有天檢座載我回娘家，又聊起了這件事，他感受到我沒找到命定白紗的失落，一時興起帶我去逛桃園的婚紗店，向店家敘述我們的需求及發生的問題，店家很認真地拿出又新又美的婚紗，每一套都讓我眼睛一亮，後來總算讓我相中滿意的禮服。

　　在此勸告想拍婚紗照的朋友，禮服新舊、包套等細節，一定要問清楚，不然選不到喜歡的，還莫名其妙被要求加價，真的會很不爽，據說這個陋習直到現在仍沒有改善，不像日本在方面真的很有誠信，公告價多少就是多少，禮服也很漂亮。當然，結婚不一定要拍婚紗照，省下來的錢，可以買大一點的婚戒，或是蜜月玩久一點，後續也不用煩惱處理放大照片或相本的收納問題，因為說真的，那些製作物只有婚禮現場會拿出來展示，後來都是塞在家中某個角落積灰塵。但我不後悔拍婚紗照，雖然在日本拍的時候剛好水腫，在台灣拍的也並不滿意，但對我來說仍很有紀念價值，而且我本來就喜歡穿漂亮衣服拍照，婚紗照怎麼可以不拍呢！日本的婚紗攝影師非常有遠見，婚姻的真諦就是睜一隻眼閉一隻眼（你要再對我好一點，吆姐歌單應該還可以吧！）但其實走

到後來，我覺得兩隻眼睛都閉起來，會更加輕鬆愉快……。

　　其實我們是先登記才辦訂婚宴的。當時租的套房，房東要收回去，既然決定結婚，新家又還在裝潢，就暫時跟長輩一起住吧！但家母保守，覺得女兒不可以莫名共妙住到人家家裡，所以就先登記，再處理後續宴席事宜。在戶政事務所登記後，回家的路上我跟檢座討論「是否即刻就要改口喊爸媽？」（比即刻救援還即刻！）好像簽了個約，身分就變了，擔心一時喊不出口，覺得有點尷尬欸！所以檢座一回家，馬上主動跟他爸媽說先不改口，等請客完再改（一個儀式感的概念）。

　　看到家裡多一個媳婦，當時公婆還滿開心迎接我們回來，結果我不知好歹在耍矜持，而且同住一個屋簷下，一直叫叔叔阿姨也有點奇怪。有天，婆婆忽然給了我一串珍珠項鍊（沒錯，求婚戒指的滾動珍珠 family 就在這裡！），我滿懷感恩地收下，馬上趁機鼓起勇氣，怯生生地喊了：「謝謝媽！（我記得聲音有點嗶ㄘㄟ）」，眼角餘光發現婆婆轉身離開時在偷笑，心裡頓時覺得「好像也沒那麼難嘛～」，一段時間後，因為檢座要接受司法官訓練，平日必須住在司法官訓練所裡（有夠青春，是個住宿舍的概念），所以那一陣子就我「自己」跟公婆一起住（我覺得我很猛），下班回家後不敢直衝房間，都會很乖巧地坐在客廳陪公婆聊幾句，是說我在學怎麼當媳婦，他們也在學怎麼當公婆，而且他們沒女兒，似乎有點不知道怎麼跟女性晚輩互動，總之大家有心「把事做好」就沒什麼大問題。聊了幾句後，他們怕我上班累需要休息（可能尬聊他們也覺得有點累……），就會說：「早點去休息吧！」我立馬回應：「爸媽也早點休息喔！晚安！」（其實 OS 是兒臣告退，外加拱手慢慢退下）

　　小時候我媽常叮嚀我：「能不結婚就不要結，結了也不一定要生小孩，如果要結婚就要配合人家家裡的生活。」我一直覺得她才是個大智慧的人，但智慧太大了，讓她過得還滿辛苦的，「能者多勞」用在她身上一點都不為過，明明可以選擇輕鬆的道路走，總是走上最難的那條。現在的我會這麼想，那時卻

很白目地回我媽：「妳自己都結婚了還生了三個，竟然叫我不要結婚不要生！」欸！扯遠了，總之，婚姻不是人生唯一的道路，如果選了這條路，想要走得順，勢必不能有太多堅持（對於婚姻我觀念還算保守），對於女生來說，結婚是「嫁到另一個家」，對於男生來說，則是「多了一個老婆要照顧」，如何適應另一個家庭的生活，或是如何把老婆照顧好，都是很重要的課題，若是無法互相體諒，那真的是單身比較幸福。

準備婚宴的時候，工作持續忙碌，中間還穿插一件讓我印象深刻的事—我被檢座罵哭了！那天他約了老同學吃晚餐，說好他來接我下班再一起過去，結果我因為工作有事，耽擱了約莫十五分鐘吧！一上車他就很激動地責怪我「怎麼不準時？說好幾點就是幾點，怎麼會沒辦法下來？（後面省略……）」當下我整個覺得莫名其妙，我又不是在玩耍，而且你跟同學約吃飯，遲到十五分鐘有必要憤怒成這樣嗎（難道是不存在的月經來了嗎？）？極度委屈的我當下哭到哽咽（想當年我好軟弱），結果到了現場，發現有人比我們晚到，剛剛洗勒罵幾點！

但其實也有美好的事啦～那時《我可能不會愛你》這部電視劇很紅，有一幕是程又青下班後，疲勞地躺著跟大仁哥講電話，電話裡敘述著要怎麼幫女生卸妝，那時我也經常下班回家就直接躺在沙發上睡著，檢座就會拿起化妝棉跟卸妝油，幫半睡半醒的我卸妝，還聲稱是「鑽石級服務」。

回到婚宴，訂婚宴在桃園舉辦，場地我看都沒看，就交給我媽決定了，因為我相信她，結果被訓斥什麼都交給她弄！到底誰是新娘！後來想想，我媽應該是想跟我一起討論家有喜事的相關事宜，但我那時候上班很忙，假日就只想睡覺（社畜模式）。直到訂婚宴前一晚，我才自己從台北開車回家，本想跟弟弟稍微過一下當天想放的音樂，結果我媽沒好氣地說：「都什麼時候了才在講這個……」因為我下班很晚、開車很累，被這樣一刺激，就帶點慍意地回嘴：「好吧，那都不要弄了，直接睡覺吧！」隔天一早，我自己開車扛著禮服，

跟新娘秘書在飯店大廳會合（太座不僅自己扛床墊，當新娘還會自己扛禮服喔～），新秘小心翼翼不顯示出來的疑惑，還是被我發現了，我看起來就像是不被祝福偷偷跑來結婚的新娘。還好後來陸續有人來探房，不停地有人來找新娘合影，我瞥見新秘也鬆了一口氣。準備進場時，剛好遇到隔壁廳的新娘，新秘開心地偷喊：「我贏了！」（那當然，妳的新娘本來就天生麗質啊！）那時坐在主桌的檢座往門口看，發現門被關起來了，還問旁邊的人：「我是不是該出去集合了？」（畢竟第一次訂婚，大家都沒有經驗）當下忙到兩次進場都用同一首曲子，現場還聽到有人在問：「怎麼音樂沒有換？」（新娘就喜歡這首不行嗎？）當天的奉茶、交換戒指和訂婚宴，總算順利結束了。

結婚當天，檢座跟陪娶從台北遠道而來迎娶，由於我的陪嫁有六位（不是我需要排場，而是因為大學時期就是七仙女下凡），有人花開並蒂自然要共襄盛舉，所以迎娶車隊來了六台。車子是由檢座運籌帷幄，就揪了有情有義又有車的患難之交來壯大聲勢，所以車款形形色色、大大小小，浩浩蕩蕩地來到我家。闖關活動把伴郎整得不亦樂乎（所以要揪患難之交），拜別父母哭得淋漓盡致（雙魚座就是水多），上禮車後丟了扇子覆水難收（我媽真的有潑水），到了婚宴會場親友夾道歡迎，婚宴唯一的活動是抽捧花，抽到的女孩兒事到如今仍是還沒遇到如意郎君，簡直功虧一簣。開席之後大家開始酒池肉林，新人逐桌酒過三巡之後，酒足飯飽的賓客們，紛紛前往門口對守株待兔的新人恭賀永浴愛河、早生貴子、情色和鳴（噢，是琴瑟和鳴！）。

當天的宴席應該能登上大雅之堂，大功告成後，想一箭雙鵰幫我的伴娘介紹乘龍快婿，剛好有位玉樹臨風的律師當時仍是獨善其身，似乎可以天賜良緣，可惜伴娘住在比桃園還南的竹南，可謂南風不競，花名在外的律師鞭長莫及（什麼鞭？），只好壯士斷腕、曲終人散。好了！婚宴寫完了，成語濫用大師簽到。其實我的訂婚和結婚，有點可惜的是沒有任何娛樂節目，因為我和檢座都會彈琴，如果能一起四手聯彈我覺得很好；他很愛唱歌，卻一首歌都不

唱；我很想跳舞，但檢座肢體不協調，甚至那時在與飯店配合的婚顧討論到一些禮俗，都被他一概否決，現在回想起來，真心覺得自己當時真的是被愛情蒙蔽了雙眼，配合度怎那麼高！不過這件事確實被我記恨很久，而且完全沒有補償的機會，總之個人造業個人擔啦！

　　結婚後最大任務就是生小孩啦！並不是因為時候到了或三姑六婆關切，是我本來就想生，畢竟結婚生子是我人生的 KPI，但生不出來的時候，受到關心就會感到厭惡。印象中結婚第二年時驗孕有兩條線，胎兒約五週大的時候去產檢，醫生說七到八週時再回診。回診那天，護士還跟我說：「今天應該可以聽到心跳喔！」讓我候診時滿懷欣喜，結果到了診間照超音波，醫生眉頭一皺，覺得案情並不單純，然後跟我說是顆空包彈，還比喻成「游泳池裡沒有人在游泳」。當下我整個腦袋一空，加上現今的幽默還沒長出來，無法承受醫生的笑話（其實他沒在搞笑，因為他講得很嚴肅），所以我是笑著進診間、哭著走出來，那天還是自己一個人去看診。醫生還說，不健全的胚胎當晚應該會排出來，晚上我坐在馬桶上傷心時，果真感覺到有東西排出體外，而我還來不及看一眼，「他」就被免治馬桶自動沖走了……。

　　這一次懷孕，僅僅開心了兩週，後來幾年遲遲沒有消息，吃了一陣子中藥，還會算日子「開車」，結果檢座那時工作太忙壓力又大，幾次叫他上車竟然不上！（我不孕時的帳絕對要算一份在當時的當事人身上！）艮！老娘吃藥那麼辛苦，就這幾天不把細胞放進來！我的藥豈不是白吃了嗎？總之，每個月兩條線的中獎機率，比兩個月開獎一次的發票還低，最終走上了人工受孕這條路。第一次做人工受孕時，工作正忙，沒中是意料中的事，所以我們試了第二次，記得那時我不敢自己往肚皮戳針，都是利用午休去診所請護士幫忙，後來有一次因為要跟老闆出門餐敘無法去診所，只好「時勢造英雄」，一個人在會議室裡往肚皮戳一針，然後準備好資料，若無其事地跟老闆出門，從那之後，

就省下跑診所的時間了，還可以跟同事一起吃午餐罵老闆（社畜日常）。

　　第二次人工受孕有中，在人工生殖的診所持續回診到第十週，醫生問了要不要做非侵入性產前胎兒染色體篩檢（NIPTs），聽到這屬於風險相對較低的產檢，我們當然是做啊！看報告那天一進診間，醫生就問：「你們看過報告了嗎？」一頭霧水的我還覺得「不就今天來看報告，怎麼會提早看到？」此時檢座已心裡有數，醫生會這麼說，一定是有問題（檢座學乖了，知道報告要一起看），所以我們得到的結果是——第十八對染色體異常。又是一次哭著出診間。後來我們找了羊膜穿刺的權威做第二次檢查，結果一樣是異常，傷心歸傷心，留不住的東西本來就不該硬留，便決定找一個舒適的知名私人婦產科，做這件心如刀割的事。沒想到，當時的醫生覺得 NIPTs 不是在他這邊做的，加上羊膜穿刺權威似乎是他的屁對頭，便很兇地拒絕幫我引產，還把我說成人球，沒有醫院會願意幫我處理這塊留不得的心頭肉，讓我整個炸哭離開診間，大廳候診區的全員，想必以為我拿著大聲公在嚎哭吧！檢座跟我說，那是他人生最黑暗的一天。事後他有傳私訊給醫生陳述這件事情，結果醫生不痛不癢，一副官派說法，我只記得他祝我們「得償所願」。後來我們檢討，是不是因為我開門見山要求引產（好認真連這種事都要檢討），所以被醫生打槍，畢竟那位醫生當時剛上媒體（非正面報導），所以不想惹事。而沒有經驗的我們，也不知道醫生在想什麼，只覺得既然已經痛下決心，就直接了當地跟醫生說我們想做的事，沒想到會是這樣的後果。

　　後來我們找上附近的公立醫院，約了一位主任醫生，碰面時小心翼翼地陳述我們發生的問題，想聽聽醫生的意見。這位醫生有點年紀但很親切，他說這個尺寸確實不適合吃藥或刮除，引產是最好的選擇，因為不久後我們其實有幾個月就前安排好的沖繩行程，還向醫生確認「這樣出去玩沒關係嗎？」聽到醫生說：「沒關係，放輕鬆，玩回來再處理。」於是我帶著悲喜交加的心情出國

去，順便帶著這個無緣的孩子喝了不少酒。

　　「引產」就是把還沒長大的嬰兒催生出來，那時先是我媽陪我住院，檢座下班後換他來陪我，檢座來沒多久，我就感覺到破水，要他趕快請護理師來，然後他就被請出去了。整個過程我又餓又累、忽冷忽熱，這個沒緣分的小生命，我們兩個都沒見到，我原本想看，但護理師建議我不要看，畢竟跟想像中的嬰兒很不一樣，我很擔心自己承受不住，所以不敢看，那時也沒有多餘的力氣請護理師去問檢座要不要看。引產結束後終於可以吃東西，但三更半夜只有便利商店買得到東西，檢座於是買了關東煮，還選了辣味，因為他覺得比較好吃，當下我真是欲哭無淚，沒照顧過病人的他，根本沒想到我這種狀況不宜吃辣啊……飢不擇食的我，和著眼淚隨口吃了一點便昏睡了，隔天因為檢座要上班，是由公婆來辦理出院接我回家，這時候真的會覺得，有長輩後援真好。

　　因為真心想好好休息一下，不要再專注於搞出人命，後來我們去了德國自駕旅遊，檢座把握這個機會，在無限速的高速公路上飆出時速兩百七十公里（他小時候愛玩車還滿熱血的），有人覺得車速過快很可怕，但我認為維持一定的車速才能專注，漫不經心地慢吞吞開車反而危險。之前做人工受孕時，我的身體被檢查出非常缺乏維生素 D3，只要常曬太陽，身體就可以自行產出維生素 D3。在德國時幾乎天天曬太陽，心情跟著晴朗，維生素 D3 似乎也補好補滿，掐指一算，差不多到了該開車的時間（不是白天在高速公路開了嗎？），所以還是遊了一下車河。果然回台灣時驗出了兩條線，肚子裡就有了一隻「Made in Germany」的太子。

　　有陣子婆婆在南埔的農舍裝修漸漸進入尾聲，跑得特別頻繁，約了我們週末一起下去看看，於是當天我們到公婆家集合，再由檢座開公公的大車一起出發。由於公公的車與檢座的車是同一個品牌，很多功能很棒但公公沒在用，所以檢座就邊開車邊講解了起來，然後一旁副駕駛座的我，開始找機關在哪裡。

但我實在不熟公公的車，光是導航怎麼按就摸了老半天，檢座又想找轉接座連 iPhone 線，翻來翻去找不到插座在哪，就找出汽車使用說明研究，接著又為了設定可以邊開車邊使用擴音功能通電話，一直動來動去。其實我坐車很不喜歡亂動，因為怕暈車，那天一方面想說公公的房車比檢座的跑車平穩多了，加上身為一個優良副駕，駕駛交代的任務怎麼可以不處理好，另一方面又想在公婆面前展現「全能好媳婦」的一面，但假日南下的高速公路一定塞車，我果真讓自己暈車了。

那時車內明明有開冷氣，我還是覺得又熱又悶，本以為是身上的發熱衣太強大，一度打開窗戶想透氣，卻發現外面更臭，害我不停地打嗝，心想只要撐過去就好，忽然整個胃酸從嘴巴兩側不斷冒出來，此時已經在想如果嘔吐要怎麼辦？但車上沒有嘔吐袋，要搖下車窗往外吐嗎？會不會太危險？直接吐在車子地板？不行呀！！這樣全車的人都會被臭暈，而且就算洗車，酸味應該也不會散，再加上這是公公的車呀！！還是吐在衣服上用包的？但是沒拿好會滿出來，最後實在受不了了，直接抄起包包往裡吐，原本以為只會吐一小口，便沒把包包裡的東西先倒出來，沒想到這一吐，整個胃都清空了，還好檢座在我吐第一口時馬上提醒「手機有沒有拿出來？」所以 iPhone 得救了。

當下檢座立馬將車開往關西休息站，因為我包包裡四分之一的空間裝著嘔吐物，還好防水做得不錯，沒有漏出來，只是皮夾遭殃了。到了休息站，我直衝洗手檯，火速從嘔吐物中撈出皮夾和耳機袋等重要物品，不重要的就連同嘔吐物往垃圾桶倒，搞了半天，我決定放棄包包，只把要保留的東西稍微用水沖洗，檢座則去買了毛巾和塑膠袋，把我的東西整個封進去，打算等回家再慢慢洗。稍事整理後，大家回到車上，繼續往南埔前進。到了小屋，婆婆開始忙東忙西，我和檢座則幫忙組裝椅子，組完後將椅子立起來，才發現，呃，竟然是歪的！原來椅子的腳有分前後，只好拆掉重組，但拆到一半又發現拆錯邊，兩

個人搞了半天，總算是組裝完畢（我發現檢座的專業真的不在組裝家具，因為最近幫太子買書桌，這次桌腳一樣裝反了……）。

忙完了回到家，拿出塑膠袋開始清洗裡面的物品，災情最慘重的是皮夾，信用卡等證件直接丟進水裡泡著，原本不打算洗鈔票，但因為邊邊還是沾到了屑屑，所以還是清潔一下好了，不然一個女生拿出臭錢似乎不太優雅。洗的時候，我忽然有個想法出現——檢座是執法人員，檢座的老婆竟然在（廚房）洗錢？

太子在我肚子裡時還算乖巧，頂多讓我沒什麼胃口，孕吐也只吐了一次。每次產檢的時候，寶寶的頭圍總是在 90％以上。由於之前有過引產的經驗，以為生產應該不會差太多，只是胎兒尺寸大很多而已，而且現在有無痛分娩，即使身邊朋友皆是剖腹產，我還是想挑戰自然產。到了約定催生的前一晚，我還是好緊張，想著寶寶的體重跟頭圍，我開始猶豫了，跑到醫生的臉書留言，他很老神在在地說：「放輕鬆，可先試試看催生經陰道生產，若產程不順要改成剖腹亦可，加油。」所以起床後上美髮院洗頭，和檢座一起吃了晚餐，晚上九點半就去醫院報到。

在櫃檯填完一堆資料，還是很不安地問了櫃檯關於胎兒頭大自然產、要不要改成剖腹之類的問題，沒想到被說：「沒有人到現在還在三心二意的啦！」（當時孕婦的玻璃心有點被刺了一下……）於是報到完畢，就換好衣服默默地躺到床上了，原本以為會有醫生再來照一次超音波確認狀況什麼的，沒想到是護理師直接來裝胎兒監視器，接著打針進入催生的過程。我有點忘了是先打什麼針或是先塞什麼藥劑，總之，凌晨三點多催生針一下，胎心音馬上下降，三到四位護理師立馬衝進來內診刺激胎兒心跳，當下即使身上有打無痛，內診還是超痛啊！！！護理師提醒我要深呼吸，不然寶寶會缺氧，好不容易有了這個寶寶，撐到了最後，很怕有什麼意外發生，所以即使再痛，為了寶寶我還是很

用力地吸氣吐氣。過了好一會兒，寶寶的心跳頻率總算恢復，護理師決定讓我休息一下，晚點再試試，其實我也忘了試兩次還三次，最後一次催生，一樣胎心音下降，護理師又衝了進來，瘋狂內診刺激寶寶，我已經痛到側身抓著床邊欄杆無法言語，餘光瞥到檢座看起來有點嚇壞了。

後來護理師與醫生討論的結果是，儘快開刀把寶寶抓出來，立馬趁空刀時幫我排進去。此時檢座被叫出去簽署一堆文件，他因為心疼我痛成那樣，直接加價幫我選了可以一直掛在身上的止痛藥，休息沒多久，我就被推進開刀房了。開刀房裡很冷，可是氣氛很歡樂，先是麻醉師幫我打麻藥，身體需要縮成一團從脊椎打，雖然十分害怕，但是經歷了催生的恐懼，當下只希望剖腹一切順利，儘快把寶寶抓出來。麻藥生效後，醫生說「要開始囉！」，接著就在我的肚皮畫了一刀，在醫生、麻醉師與護理師談笑風生之間，忽然聽見了寶寶的哭聲，一顆不安的心稍微放了下來，聽到醫生對寶寶說：「哇！原來你把臍帶當跳繩，難怪出不來啊！雙眼皮耶，長得好 Man ！」我忽然脫口而出：「可是我老公很娘欸！」眾人瞬間笑成一團。

後來寶寶被抱到我旁邊，讓我數了手指和腳趾，就被抱去清理了，聽著寶寶洪亮的哭聲，我的眼淚忍不住流了出來，當下的感動，我想當媽媽的都能體會。哭哭啼啼的寶寶放到我身邊後，忽然安靜了下來，似乎有種認得媽媽味道的神奇本能，接著我就和太子一起被推回病房，從此開始「三人行」的日子。

我公公是個不擅表達感情的人，當時他來探望我們母子，檢座鉅細靡遺地向他敘述催生過程多麼血腥、護士如何緊急處理，我笑著對檢座說：「你幹嘛講那些嚇人啦！」然後發現公公看著我的神情，跟以前變得明顯不一樣，即使不發一語，他的眼中還是充滿感激，和一句「妳辛苦了！」（有沒有可能是我自己想太多？）

（以下內容有很多嬰兒的產物，請避免用餐時服用。）

太子在我肚子裡時，檢座就不時隔著肚皮威脅他「不乖會被揍」，或是「亂哭要放到隔音室裡讓你哭到飽」（是說你家有隔音室這種東西嗎？），然後我都會摸摸肚皮跟太子說：「不要理爸爸亂講，媽媽最愛你了！」太子出生後，我確實有點擔心檢座不喜歡他，畢竟檢座比較想要女兒，沒想到是我多慮了，在醫院太子被推來病房時，他還是充滿期待、小心翼翼地抱著（啊當初是在撂什麼狠話？）。離開醫院到月子中心，他還花了九牛二虎之力，把嬰兒提籃裝在他的車上（畢竟新手爸爸對嬰兒用品都很生疏），結果太子在睡覺，我媽擔心放到提籃反而不安穩，而且路程不長，乾脆直接抱著太子搭計程車去月子中心，沒載到太子的檢座還因此而生氣。

在月子中心，檢座很開心，以為可以隨心所欲地抱兒子了，結果陪我住院的時候，醫院的冷氣太強，他不小心感冒了，得知此事的月子中心擔心嬰兒被傳染，不讓爸爸在房間的時候母嬰同室，他又給了我一個怨恨的眼神。

坐完月子回到家，我媽來協助我展開育兒生活，以免我直接從月子中心的天堂掉到手足無措的地獄。有天太子拉屎了，我媽見狀準備起身抱他去洗屁股（嬰兒的屎很黏，幾乎都要用洗的），沒想到被檢座搶先一步，我媽先是一驚，然後對我說：「他很願意照顧小孩耶！」我：「那當然！那是他兒子欸！」

剛把太子抱回家時，我真的陷入無限循環洗屁股的地獄，因為嬰兒一天可以排便七、八次，過去有點潔癖的我，更進化到可以徒手摸屎（為母則強其來有自）。還記得有一次我坐在床上抱著太子哺乳時，忽然感到他的屁股有股強勁的力道外洩，我趕緊將他懸空抱起，哇靠！我真是佩服自己的未卜先知，太子的噴射力十足，這泡屎直接從他背部滿出來滴到地上，雖然等等要清洗嬰兒和清潔地板，但不用處理沾屎的床單，足以讓媽媽覺得欣慰（育兒生活的快樂

就是這麼樸實無華）。當媽媽並沒有像宣傳海報那樣充滿光環，哺乳很辛苦，當然也可以選擇奶粉，每個人考量的點不一樣，而且太子是歪嘴雞，唯一支持他媽的奶奶（不是在罵人），哺乳這條路其實我也被整得很慘。總之，育兒生活苦樂參半，要不要走上這條不歸路，請務必三思（但本座不後悔～）。

太子出生沒多久，剛好檢座到了可以申請海外訪問學者的「資歷」，經過層層審查及考核，總算確認成行的日子，他就攜家帶眷前往京都大學交流了一年。這一年原本以為會有很多親友來拜訪我們，沒想到新冠肺炎爆發，大家都不能出國，而且日本的自肅政策，讓我想趁機跟國際媽媽交流練練日文或英文的機會都沒有，唯一跟陌生人講比較多話的時候，就是和美甲師閒聊了。那時候我應該有點憂鬱症吧！因為出門有點麻煩，太子又總是黏在我身上、三不五時討奶喝，我的奶都不是我的奶了，加上身邊沒有媽媽或朋友可以靠北洩憤，每天只能眼巴巴地看著檢座打扮得光鮮亮麗。

原本檢座要去學校跟教授討論開會，都是男裝的樣子，但後來疫情爆發停課了，大部分時間都在家寫報告，所以他每天都穿女裝。我因為身上黏著嬰兒也懶得出門，加上隨時要哺乳，不能隨意穿著想穿的衣服，而且我很在意身上的保養品、化妝品或香水會不會影響嬰兒，但爸爸似乎沒有被這些「多慮」給限制住，每天又香又美，我只能以憤恨的眼神，瞪著他花枝招展地出門買菜和回家煮飯洗碗打掃（到底是褒還是貶？）。那時我的任務只有隨時解開衣扣（是為了太子，不是為了他老子），其餘事項都由檢座包辦，他把我們母子照顧得穩穩妥妥，以換取他美豔動人的自由，大家覺得這筆交易是 WIN-WIN，還是單方面的妥協呢？

五、公開

　　2023 年 5 月 19 日，是我生活面臨重大衝擊的時刻。我知道身為檢察官，做這種非典型、甚至是嚴重反差的打扮，絕對是媒體喜歡的題材，但向媒體公開，可能會帶給家人困擾，或是讓我的生活產生劇烈變化，因此，我一直都是以低調為原則，加上新北地檢署、我的同事及朋友們所形成的保護罩，所以我做女性打扮已經過了兩年，都沒有被新聞媒體曝光。不過，千萬不要小看媒體的功力，其實記者們早就知道這件事，只是礙於未經過我同意，所以遲遲沒有報導。但就在 2023 年 5 月間，我不經意地做了一件事，才引發後來向外界公開的結果。

　　除了買衣服，我平時沒什麼別的興趣，幾乎每個禮拜都會出門或上網買個幾件，對我來說，這是一種幸福感的來源也是紓壓方式，所以我幾乎天天穿不同的衣服上班。有時我也會覺得，這些好看的衣服一年只穿一、二次，真的太可惜了！畢竟新衣服買了，當然更想穿新的衣服啦！所以當時和我同辦公室的檢察官學妹姿姿，見到我每天都很用力打扮，就好心地提議我「何不分享每日穿搭，順便把自己的穿搭做個紀錄？」這句話真的說到我心坎裡！衣服就是我目前最熱衷的收藏品，如果把這些收藏品穿在身上拍照記錄，有空時就可以滑滑手機回味一下，那該有多好！所以當天我就在 IG 開設 OOTD（當日穿搭）的帳號，既然定位是分享穿搭的性質，帳號就應該要公開，才符合分享的目的。

　　開設這帳號後幾天，粉絲大概只有一、兩百人，成長得非常平緩，但我也不以為意，反正只是個記錄用的帳號。但就在 2023 年 5 月 19 日早上，我在辦公室接到了裏閎主任檢察官的電話，裏閎親切地打完招呼後，便娓娓道來有記者發現了我的帳號，想問我是否有意願接受採訪，如果不願意，裏閎會幫我婉拒對方。電話另一頭的我愣了一下，腦中快速地盤算，到底要答應還是不答

應？兩者的利弊為何？我立即想到，就算不接受記者採訪，由於我的帳號設定為公開，記者根本可以直接採用，會問我是基於尊重我、尊重我的機關，要是碰到不尊重我意願的記者，我其實也很難阻止報導公開。依照這種情勢，我初步衡量後認為，如果能控制住報導的走向，會比不接受採訪更理想，況且我也知道，紙終究包不住火的，所以我就告訴襄閱主任檢察官：「可以讓我和那位記者談一下嗎？」

與記者碰面後，對方承諾報導內容和照片，都會先經過我的審核再刊登，這樣赤裸裸地把自己丟在大眾炎熱目光下的這一天，還是來臨了，我深吸一口氣後，答應了記者的提案。當天下午新聞發出之後，各家媒體當然隨之跟進，我知道這個議題勢必會引起討論，但新聞的效應、熱度仍超出我的預料，暴增的粉絲數、雪片般飛來的各種邀約、到許多地方都有人認出我、各種媒體都會看到自己的身影、長輩方無法諒解等各種狀況，讓我壓力山大，連續幾天吃不太下飯，加上當時身體虛弱進而引發鼻竇炎和支氣管炎，但我知道既然已經做出決定，就沒什麼好後悔的，所有的情緒和狀況，我只能慢慢消化、適應。即使那幾天我也因為接收到許多負面情緒而多次崩潰，但是我仍保持那一點點的理智用來解決問題，畢竟人生碰到困難時，設法正面解決比逃避來得有用。

寫這篇文章時，我的 IG 粉絲人數約有 7.7 萬人，雖然比起大多數的公眾人物，這樣的人數一點都不多，但我的理解是，社會上還是有這麼一群人願意支持我的改變，願意真心恭喜我達成夢想，而粉絲們也可以從我達成夢想的故事中，激勵自己努力朝夢想前進。在不小心被大家認識的同時，我已做好被罵的心理準備，因為我知道這社會真實的模樣，不是只有單純、善良的一面，善與惡總是共生共存。對於酸民的反應，我會再另外說明。

在此之後，我的生活產生了巨大的差異，工作上，我必須要更小心、要更沒有把柄、更不具威脅性、對待當事人要更和善、下結論前也要想得更多、做

什麼事都要想到可能會有什麼反撲。至於日常生活，我只要來到人多的地方，多多少少都會被認出來，連在越南或日本，都被認出很多次，所以我必須更加注重自己的外表、儀態和言行，隨時維持形象，因為我代表的不僅僅是個人，還代表了檢察官。這些事說來輕鬆、只有短短的一行字，但做起來可不是一件簡單的事！一開始還覺得自己一定扛得住，但幾個月下來，新奇感消退後，疲倦感不免湧上心頭。

成名後（可以說有成名嗎？）對我日常的影響，除了前面所述，逛街、出遊時如果被網友認出要求合照，我都會盡力滿足他們，聽著網友興奮地說著他們如何支持我、我的故事如何給予他們力量，也常常聽到同事、朋友們說他的家人朋友是我的粉絲，這些都讓我很感動，也很慶幸能給予他人正能量。所以，即使工作結束後還要更新 IG、回覆網友疑問、絞盡腦汁寫文案挑照片，感覺好像兼差了一份沒什麼實際利益的工作，如果說我有獲得什麼好處，那應該就是「我不用再躲躲藏藏了！」（大吼）

我開始以女性形象生活，其實是希望不認識我的人，都可以把我當成一個普通的女生。反觀現在，已經被太多人認識了，我不再期待別人能把我當普通女生對待，但我也不會刻意偽裝是生理女性，我就是我，很自然地做自己，你可以稱呼我先生或小姐，我不會因此感到心裡不舒服。當然，稱呼我小姐我會高興一點。

正因為在外會常常「被捕捉」，上廁所成了相當棘手的問題，工作時倒還好，因為地檢署有兩間男女共用的獨立廁所，我都是使用那兩間，避免造成大家的困擾；但在外面，並不是每個地方都有無障礙廁所，就算有，有時真的會心有不安，例如有一次我如廁時，似乎有人在門外等我上完，接著有其他人向他搭話，告訴他可以去一般的廁所，不用排隊，但對方回答：「因為我的腳不方便，（上廁所）需要有扶手，所以只能用這間。」在裡頭的我聽到真的汗如

雨下，有點自責自己沒有身體障礙，還來跟行動不便的人搶廁所，萬一對方真的很急怎麼辦？！

　　許多網友會問我是上男廁還是女廁，我知道他們只是出於好奇，但這對我來說，其實是天大的麻煩，因為我去哪邊都不對，都有可能被人說閒話。一開始穿著女裝時，很多男生看到我出現在男廁都會被嚇到，裡頭的人會用異樣的眼光看我，剛進來的人則是會彈出去，以為自己走錯廁所，甚至有人會以責怪的眼神和言語對待我，讓我感到這地方已經不屬於我了。後來為避免麻煩，如果沒有無障礙廁所，我都是上女廁，我認同自己是女生、外表也是女生，使用女廁應該是最自然不過了，事實上，我去女廁確實沒碰到什麼問題，一直到被新聞報導前，都持續著這樣的狀態。但被很多人認識之後，我進女廁前都會猶豫再三，尤其我的身分特殊，又得顧及檢察官的形象，萬一在女廁有人認出我，把我視為變態、以為我要偷看別人，我該如何處置？加上可能有很多不喜歡我的人，正期待著我出包，所以現在我除非已經憋到極限，否則不會在外輕易使用廁所，這個對一般人來說稀鬆平常的事，反而對我來說卻是麻煩至極。

　　另外，其實我還有「歸屬感」的問題。因為在外人的認知上，我是個有女性外表的男生，所以不論男、女都會對我有所顧忌，認為我不屬於他們的群體，下意識地跟我保持距離，尤其是認識不久的朋友，這種狀況最為明顯，我也沒辦法輕鬆地把自己歸屬於某一方，所以在相處的過程中，即使我很嚮往與他們打成一片的感覺，仍可能無法對他們敞開心胸，讓我相對地感到孤單。不過，我相信這種狀況可以靠時間突破，慢慢地了解對方後，有一天我總是可以找到讓雙方都舒服的相處模式。

六、公開後的生活差異

　　其實檢座的新聞曝光前後，對我的影響並沒有太大，因為紅的人是他不是我呀！

　　記者平時都會在地檢署走動，看看有什麼矚目案件值得報導，發現有這麼一個「特別」的檢座時，一直很想採訪，但檢座都拒絕了。後來有個「技巧高明」的記者詢問檢座長官，想以兩性平權或尊重少數族群的議題進行採訪，檢座認為這是正向的報導，所以同意了。沒想到原本只有一家電子媒體露出，後來卻炸到談話性節目都在討論這件事。那時長輩很不能接受這件事，聽到要受訪更是言語過激，讓原本就病懨懨的檢座，被刺激到更加羸弱，我本來不想淌這渾水，但實在看不下去，只好出面對長輩「曉以大義」，總算結束這一回合。在新聞爆開前，確實有不熟的友人看到檢座會 murmur：「這個世界怎麼了？」沒想到竟傳到我耳裡，其實當時我一點都不在意；檢座的新聞公開後，有一次我們陪太子在社區遊戲室，遇到那位友人的小孩，小孩好奇地問我檢座是爸爸還是媽媽，我如實告知是爸爸，但隔天擔心小孩無法理解，所以還是問候了一下那位家長，結果她反而很正向熱情地跟我表示，她女兒從小周遭就很多比較特別的人，例如同志或單親，所以一點都不會覺得奇怪（那之前的murmur是？）。

　　我覺得檢座會獲得正向的肯定，是因為他真的付出很多努力，把自己想做的事認真地做到最好，就有機會獲得認同，至少周遭的人可以理解接受。像友人的友人因為不認識我們，會抱著看好戲的心態加以批判，但我的朋友都能中肯、如實地敘述我們的狀態，其實聽到這件事滿感動的。不過，新聞報導剛出來時，我對於「妻小支持」這個敘述有點不滿，但新聞篇幅有限，記者只能簡單帶過我和太子這兩個「配件」，這也造就我開 IG 寫文的動機。這一路走來，

絕對不是「妻小支持」可以簡單帶過，畢竟我喜歡的是男生，女生（的外表）如何讓我心跳加快？雖說很多夫妻結婚多年，會漸漸進入相敬如「冰」的狀態，但我不想這樣啊！一路調整心態並不輕鬆，只是我不喜歡整天愁眉苦臉，所以每天都會找些有趣的事情做，把平淡無趣的日常過得有滋有味，而且跟一個這麼「奇特」的人生活在一起，根本每天都充滿冒險呀！

　　就像新北地檢署舉辦的反賄選市集，身為「反賄選大使」的檢座為了吸引人潮及媒體，特地舉辦人生第一場簽名會，身為一個盡責的太座，自然是要出席力挺，那時我以為頂多幫忙跟網友合照簽名就好，到場時我在一旁等著被檢座發現，結果這個傢伙眼裡一直沒有我，反而是記者先發現我了，原本只有一位記者靠近跟我聊幾句，但我才說一句話，全部的攝影機和麥克風立刻轉過來，一字排開在我面前，當下想落跑已經來不及，而且臨陣脫逃感覺很孬，只好硬著頭皮講了幾句話，接著我就上新聞了……。原本覺得我在 IG 酸他還好，畢竟老婆罵老公本來就是天經地義，同時也能展現他的大度，不過，隨著他漸漸成為公眾人物，確實有人提醒我罵檢座有損他的形象，所以我也漸漸減少開砲，甚至還說了很多好話（賢內助無誤）。

　　原本以為大家應該是把檢座當成珍禽異獸來看，沒想到知名度大了起來、（虛擬世界的）人接觸多了，竟然開始有人跟他瘋狂告白，而且男女都有，讓我深深懷疑他是不是喚醒了另一個族群。因為我沒有檢座顯眼，只要不是跟他一起出門，不太會有人認出我，是說也有在素顏邊邊送太子上學或在超市買菜時被認出，雖然有點羞恥，但素顏可以被認出來，至少代表我濾鏡沒有開太大，忽然又有點驕傲起來了～～～。比較麻煩的是帶小孩出門偶爾會有爆氣的時候，有次我因為跟太子喬事情一直喬不攏，我忍不住大聲起來，就被友人提醒：「妳現在是公眾人物，情緒要控制好啊！」只好馬上切換到溫柔好媽媽模式。

新聞公開後，我確實認真想過自己的角色，我的本質並不喜歡檢座女裝癖，可是被貼上「妻小支持」這個標籤，我要忽然表態不支持嗎？「一夜夫妻百日恩」，雖然我倆沒在說什麼恩重如山，但我們都是重情重義的人，有沒有把彼此當家人？是不是在同一條船上？該以什麼態度去面對這件事？我想答案很明顯。這種感覺就像打牌，拿了一手好牌亂打能贏是運氣，拿了一手爛牌慢

慢打，也許有機會不輸，我自認拿的是不好不壞的牌，好好地打，應該還是會贏，所以人生順不順取決於自己的態度，與其哀嘆失去的東西，不如好好檢視擁有的東西，甚至想著如何以現有的東西滾出更多想要的東西，當自己不停地往前看的同時，怎麼會想回頭呢？

七、酸民

　　時序進入 2023 年 11 月，因為新聞媒體頻繁地報導我，招致許多充滿攻擊性和羞辱性的言論。身為新北地檢署的反賄選大使，我只是想盡可能地讓「反賄選」這議題曝光，其實我們國家很多公部門都非常拮据，新北地檢署更是如此，不僅廳舍和硬體設備都老舊不堪，如果大家沒有實際走訪新北地檢署的廳舍內部，一定想像不到身為國家的檢察官，居然是在這種環境辦公。不僅硬體，我們的人力也是非常吃緊，因為案件多到已經嚇跑不知道多少人，檢事官、書記官等各類人員都不停地流失，連要補足法定員額都有困難，更別說增額這種奇蹟了，所以新北地檢絕對可以稱為艱困的地檢。但每到選舉年，法務部總是希望各地檢署，能盡量宣導反賄選的觀念給民眾，但又不想要各地檢花費太多錢做這件事，而新北地檢是如此艱困，一個沒錢的部門要如何達到宣傳的效果？畢竟讓媒體配合宣傳，也是需要花錢的，除非有能讓媒體感興趣的題材，才有可能出動媒體來採訪。好在新北地檢署正好出了個題材，那個題材就是我，一個讓媒體有興趣的非典型檢察官。

　　新北地檢署徵召我擔任反賄選代言人時，我當然知道這代表什麼，也很樂意配合，畢竟宣傳反賄選是件好事，而且還是為了我如此喜愛、已工作十年的新北地檢貢獻一己之力。經過一番討論後，我讓我的簽名會與地檢署的反賄選宣誓活動、更生人市集進行結合，這樣當然會吸引媒體參加、報導，藉此達到宣傳反賄選的效果，從結果看來，這次的宣傳確實是非常成功，因為我當時實在佔據太多媒體版面了，多到我看了都想吐。

　　原本我的打算是，不接受任何的媒體採訪（意外受訪或是基於人情而受訪的情形除外），但為了在主流媒體內置入新北地檢署的反賄選宣導，我首度同意接受了兩家電視台的訪問，當然從 7、8 月以來，電視台一直都持續不斷地

想找我訪問，當時正好東森與三立來詢問我受訪意願時，我提出以在訪問中置入宣導反賄選內容為條件進行訪問，東森、三立都同意這種方式，所以我才願意受訪，這就是為什麼我 11 月這麼頻繁出現在媒體上的原因。加上 11 月底我與小朋友家長們，一起前往越南富國島旅遊，像我這樣愛拍美照的人，在南國的美麗海灘，怎麼可能放過這大好的機會？尤其身處在比較沒有人認識我的國度，我才能比較大膽地穿泳裝拍照！而且拍了美照，當然會很想分享給網友們看看（笑），因此泳裝照就這樣出現在我的 IG 內。可以想見，媒體看到了我的泳裝照，延續著之前新聞的熱度，勢必會再拿來做一番報導，這也是我預料中的事，但我不想希望這樣就暫緩或不分享照片，因為我就是這麼一個藏不住又愛現的人啊！

　　泳裝照的曝光，加上新聞媒體推波助瀾的報導，自然會招致許多酸民的攻擊，「如何面對酸民的言論」，成了大家喜歡詢問我的必考題之一，之前的採訪中，也多次被問及這類的問題，一般我都會回應「因為我不怎麼看自己的新聞，也不會看到新聞留言，所以沒受到什麼影響。」但實際上，真的沒有受到影響嗎？

　　以前我非常愛看日本綜藝節目，除了因為好看，靠綜藝節目學日文其實也有一定程度

的效果。透過綜藝節目，我認識了日本的男模「比嘉龍二」，當時他留著金色短髮，頭戴運動髮帶，在鼻樑到兩側臉頰會會塗上一直線的腮紅，類似日曬痕跡般，穿著是粉色系居多，常與他的前妻一起上節目。比嘉龍二的言行舉止，確實比較帶有女性氣質，當時我覺得如果他打扮成女生，應該會很漂亮，後來有好一陣子沒看到他，漸漸地有點淡忘了，但就在 2023 年的 7 月，新聞傳來了他的噩耗，據說他是因為承受不住壓力而輕生了，讓我很訝異，因為在他生前，其實已經變成一位非常漂亮的女性，搜尋她的照片，漂亮的程度讓我非常嫉妒。她曾經向媒體說過：「實際上我強烈地要求自己，必須像個『丈夫』一樣地生活，而丈夫就必須是真正的『男人』。」讓她內心十分痛苦，「我會盡最大努力珍惜真實的自己。」即使她曾說過這麼堅強的話，最終還是沒辦法承受壓力而離世。她的離開，對我有如當頭棒喝，因為她跟我有如此多的雷同，她說的那番話，簡直就是我的心聲，她身為一位公眾人物，IG 有上百萬的追蹤者，最終卻因為做自己而招致眾人甚至粉絲的攻擊而殞落，這警惕著我是否一不小心，也會走上像她一般相同的悲慘結局？

酸民的言論固然可能讓人鬱悶，但我推測她的最大壓力源，並非那些酸言酸語。酸民的誕生其實一般人都可以理解，

不論是出於忌妒、自卑、單純的惡意或其它的性格缺陷，他們說了些什麼、為什麼要說這些話、是什麼樣的人，對我來說一點都不重要，因為他們根本不認識我、不了解我，只是單純地在散發負能量的惡性細胞，我反而會覺得這些人滿可憐的，會把精力用在網路上散發負能量的人，想必日子也不太好過，我又何必要跟他們計較太多呢？如果真的是想要給我意見、指點明燈，你／妳就直接報上您的名號來找我，我認為我有需要向您求教的地方，自然會虛心受教，但酸民們大多是沒有這種本事的人。現實社會就是如此殘酷，沒有價值的東西，自然沒有關注的必要，酸民的留言正是如此，我是不會浪費一絲一毫的時間和心力在上面的。尤其是身為檢察官，需要大量接觸不同背景的當事人，有時真的會懷疑，有些人是否跟自己生活於同一個時空？還是多重宇宙本來就存在著？正因為我早看清楚「一樣米養百樣人」的真理，所以不被別人認同，根本不用意外，因為這世界上就是有非常多人，他們的處境、想法、認知或習慣，都跟自己不太一樣，而你也沒辦法做些什麼來改變他們。

最可怕的絕對不是酸民，反是你同溫層內、甚至較為親近的人。那些原本你以為很了解你、關心你的人，最終還是會有意無意地傳遞出不認同、甚至帶有惡意的言論，這種打擊，更容易讓人承受不住。如果說，為了讓自己不至於崩潰，或許要在自己與親近的人之間築起一道高牆，這是何等困難的事？因為這意味著必須讓自己走向孤立的狀態，像我這樣害怕孤獨的人，生活在這種環境，真的生不如死；但是當你選擇不築牆，要是某一天被這些親近的人攻擊，並輕而易舉地被擊倒，究竟該怎麼辦？到目前為止，我都還在尋找著對應方法。 但為了防止那天的到來，我現在想到的、我能做的，就是盡可能地讓周圍的人理解我的想法、相互珍惜彼此的緣分。如果有一天，真的必須要與某些人兵戎相見，你還是可以躲進真正了解你的人為你建構的堡壘避難、順利度過難關！

八、探索

　　我知道很多人對我在性別認同的光譜上自我定位也很感興趣，外人從新聞媒體和網友留言中投射而出的形象，似乎覺得我是一個熱愛女性穿著的男生，但是否確實如此？我到底是覺得自己想變成女生？還是只是喜歡打扮像個女生？還是僅止於喜歡做漂亮的打扮？

　　網友會有這些疑問，我猜想應該是要確定我到底是屬於「LGBTQIA+」中哪一種類型，然後想用那種類型的人一般對應的方式來看待、回應我，避免對我有著失禮的言行。但其實這部分，我仍處於探索的過程中，這樣的自我探索，大約已經二十幾年了，而且內心的感覺一直在變動。我後來得知，其實很多人也是像我這樣，在光譜上游移著，並非所有人對於自身的感覺都那麼肯定。一開始，我也覺得自己應該只是喜歡女生裝扮而已，追求的是女性裝扮帶

給我的快樂，因為我對於自己屬於男生的部分，並不會到達厭惡的程度，在我人生的前四十年，做為一個男性也並無障礙，所以過去我都一直將自己定位為「易服者」，但經過這幾年比較深度的自我探索過程，我發現其實我應該是屬於「性別不安」的人，相較於其他性別不安的人來說，我認知到自己其實是性別不安的時間，算是非常的晚。

　　四十歲開始全時以女性外表生活後，我漸漸更加認同自己是女生，這

當然不僅是我覺得自己的外表相較於男性打扮，更適合女性打扮，還有人們把我視為女性對待時，會使我更自在、快樂、有被認同感。以前在男性時代，我的生活就像是罩上一片濃霧，讓我感到無力與沉悶，但現在就好像掀開了面紗，整個生活變得明亮、有朝氣，所以我也慢慢改變想法，似乎女性的我較之男性的我，對於內心的滿足程度更加完整，所以現在我認為，可能在性別認同的光譜上，我比較認同自己是女性。從那時開始，我對於表現出女性的行為舉止、語氣語調等變得再無隔閡，因為我覺得我本來應該就是個女性，有時許久未見的人看到我，都會明顯感覺到，我的氣息越來越貼近女生。最近碰到高中、大學同學，甚至一路到工作場合的同事們，因為隔了好幾年不見的，突然看到我這樣子，都是驚訝到下巴差點掉下來，因為在他們的記憶裡，我是一個很正常的男生，如今我有著這樣的變化，真的是反差感十足。

　　老實說，二十年前的我，想都想不到會變成今天這樣、成為一個跨性別者，在二十年前，我還是很篤定地認為自己穿女裝這件事會是一輩子的祕密，在那段壓抑自我慾望的時代，隱藏都來不及了，根本不敢去探討自己內心真正想要什麼，深怕打開了潘朵拉的盒子，會帶來什麼可怕的後果。現在太座常常會說被當時的我騙了，說要是知道我是這樣的狀況，她根本就不會選擇我，但我騙的人絕對不是她，而是我自己，我欺騙自己可以壓抑

內心的慾望一輩子，直到進棺材的那一天，但我太高估我自己了，一路走來會有如此的變化，是我想都想不到的，人生的路上還是被內心的慾望所推動，就這樣一點一滴地改變著，我騙著自己一切都可以在掌握之中，卻做了許多不可逆的決定。現在，每每聽到太座抱怨我，我都會對她感到非常抱歉且無能為力，一切都是因為我在與日俱增的慾望前無法守住防線，才會害得她失去了她的男性形象老公。

有很多網友會問我有沒有喜歡過男生，或喜歡男生的可能，但我要先說明的是，性別認同與性向不一定有絕對的關係，也就是說，認同自己是女生，也不一定喜歡的就是男生，這就好像女性、男性間有同性戀存在一般，甚至許多跨女（跨性別女性）都是喜歡女生的。而我個人的性傾向，從小到大都是喜歡女生，最近幾年則因為有服用荷爾蒙藥物，開始呈現「無性戀」（Asexuality）的狀態，至於無性戀到底是什麼，各位可以上網搜尋，在此就不贅述了。

畢竟性傾向確實有流動的可能，加上我比較認同自己是女生，網友一定會好奇，我是否會隨著性別認同的探索過程而改變性傾向？如上所述，我現在對男女生都不會有什麼性方面的聯想，何況我的現實人生中，還真的從未碰過任何有讓我心動感覺的男性。但我其實還是會嚮往浪漫的戀愛感，像是近來因為看了許多愛情劇，有時候會把自己帶入女主的視角觀看，久而久之，對劇中的男生也會產生那種愛慕的感覺，因為劇中的男主角總是又高又帥又壯又浪漫，而且個性幾乎零缺點，那種不真實的男性形象確實有吸引到我，但，這樣就算是喜歡男生嗎？因為我也知道，這只是單純看劇引發一些對於浪漫感情的嚮往而已。所以結論是：我認為我會在現實生活中愛上男性的機率，實在是太低了，畢竟我那麼怪咖，而且還是那句老話，要來搭訕我，至少要長得比我帥吧！哈哈！所以各位請放心，這都是想像而已，畢竟我早就死會，我愛我太座是不變的事實，前面的討論，純粹是基於趣味性的假想而已。

以上所分析的，是我自身的感覺，他人要怎麼看我，則是他們的自由。有

些人著重在生理性別的不可跨越性，永遠不會認同像我這樣自認是女性但留有男性性徵的人（有些偏激者甚至會寄詛咒信函給我），甚至連所謂同是性別認同族群裡面的人，還要自我細分是否有動手術、HRT（Hormone Replacement Therapy，激素替代療法）的人，才符合他們心中的「跨性別」。但我個人沒有那麼追求其他人對我的認同，自己認同自己才是重點，既然他人怎麼看你，都沒辦法洗腦對方，又對自己生活影響不大，所以何必太在意呢？其實不管任何事，要追求所有人的認同，本來就是不可能的事，所以又何必為這種事自尋煩惱呢？

　　那一定有人想知道，剛開始接觸我，應該要怎麼樣對待我，才不會讓我覺得被冒犯、或被霸凌？最近有很多單位想找我談談有關於性別歧視、性別平等甚至 CEDAW（The Convention on the Elimination of All Forms of Discrimination against Women，《消除對婦女一切形式歧視公約》）的議題。說真的，我對這種議題還沒開始研究，最近也沒有時間研究，所以不敢冒然答應。此外，我其實也沒有跟與我有相同煩惱的人接觸過，或者參加相同煩惱的人所組成的群組、團體，所以與我有相同煩惱的人，他們普遍想怎麼樣被對待，我目前並不清楚，所以以下所說的，純粹是我個人的感想，並非共識或是鐵則。

　　其實我的想法非常簡單，如果用對待女生的方式完全移植的話，我絕對不會覺得對方是在冒犯我，如果一定要拿我的性別問題來開玩笑，前提就是先看看你跟我有多熟，如果是自己的兄弟姊妹，怎麼講我當然都不會覺得不爽，但跟我不熟的人，最好還是不要在這部分多著墨，我想這會是最安全的相處方式。不過，我其實已經屬於相對不敏感的人，因為我知道跟我有相同煩惱的人，大部分都是非常的敏感與脆弱，一些用字遣詞上的不注意，都有可能會傷及她們，所以在互動上，盡可能避免觸及此類話題才是上策。

九、蛻變

　　蛻變，原係指昆蟲蛻殼變化的過程，像是蟬的脫殼，後比喻事物發生形或質的改變。小時候的我對「蛻變」這詞彙有著異常的迷戀，或是看到人事物的異常變化，也會讓我感到相當興奮，因為這對我來說代表著希望，一個不知道何時才能降臨的希望。有時我可以從漫畫和電影中找到這種感覺，最早大約在小學四、五年級的時候，偶然間獲得一部藤子不二雄畫風（因為我不知道到底是不是藤子不二雄畫的）的漫畫，漫畫中那長得有點像大雄的主角，因為遭到某科學家的實驗，在夜晚時會變身成該科學家的女兒，這故事當時給我超大的衝擊，「真的可以這樣嗎？」、「這樣的變化有可能發生在現實世界嗎？」在還是懵懵懂懂、深信這世界什麼事情都有可能發生的孩童時期，我的內心可想

而知是多麼激動！當時我還不知道為什麼這部作品如此吸引我，後來才明白，因為這部作品已經碰觸到我心底深層的願望。

　　之後我接觸了滿多這種以變身為題材的漫畫，像是《亂馬½》和《變身男孩》等，這些二次元的故事，讓我得以在壓抑的國小、國中求學過程中，有一絲絲心靈解放的小天地。電影方面，則是有《黑天鵝》徹底地震撼了我，還記得當時我爸媽坐在客廳看這部電影，我已經看了一部分，但爸媽可能覺得我過太爽，要我回房讀

書，但當時正演到女主角在跳舞，從清純可人乖巧的白天鵝，轉變成黑暗邪氣黑天鵝的場景，這幕瞬間挑起了我壓抑的慾望，內心開始 OS：「真的可以這樣快速又徹底地變化嗎？」、「這種反差感為何如此吸引人？」、「是否在將來的哪一天，我可以跳脫出別人對我的期許，完成我自己想追求的樣子？」後來我對於這種徹底、快速變化的題材都相當感興趣，甚至在青春期開始時，還會勾動我的性慾。

　　以現在的觀點來說，我生長的家庭許多觀念都相對保守，小時候，只要我的頭髮留長了一點，就會被長輩們碎唸，要我剪短、保有男生的樣子，不要像個女孩子一樣。記得有一次，應該是國、高中的時期，我與一些長輩在爭論著某事，具體是何事已經不太記得了，但印象很深的是因為我一直否定長輩們的看法，堅持自己的想法沒有不對，因而遭長輩斥責「你像女生一樣」，這句話在當初聽起來有十足的貶意，也讓我心中冒起了更多疑問：「為什麼我不能跟女生一樣？」、「跟女生一樣有什麼不好？」而且說這句話的人自己就是女性。從這件事我也得到了一個很深的感觸，家中的人絕對不可能會接受我像女生的樣子。

　　所以，從小我的內心便恆常存在矛盾的狀態，一方面我必須像個正常男孩、像個男子漢，絕對不能被貼上「娘娘腔」這個標籤；另一方面，我的內心深處，卻是極度渴望能被當作一名女孩對待，但為了不讓我的父

母、同學甚至這個社會對我失望，我必須要想方設法、用很多的手段來壓抑這一面的我。我知道有很多像我這樣的人，在成長的過程中因為無法壓抑自己的慾望而遭受排擠，所以我極力地壓抑自己，甚至有點希望自己在未來的某個時間點能夠豁然開朗，發現自己其實是一個徹頭徹尾的男子漢，那些心裡的聲音，都只是惡魔的呢喃。但隨著時間的經過，我發現心裡的慾望越來越強烈，所以開啟了「偷偷摸摸扮女裝」的時代，這種見不得光的日子，一方面可以讓自己壓抑已久的情緒得到部分宣洩，另一方面可以說服自己的內心「我不是娘娘腔、我不是想當女生、我只是想打扮得漂漂亮亮。」但後來捫心自問，當時的我在換上女裝的過程中，所享受的絕對不是只有「打扮漂亮」而已（雖然以現在的角度看，那時候我的女裝扮相絕對稱不上漂亮），其實更享受別人用對待女生的方式來對待我，被稱作「小姐」，能讓我的心靈感到療癒。

在我的成長過程中，雖然有著遺憾，但事實上，我還是渡過了充實的男性青春歲月，該玩的、該看的、該做的，都跟一般男生無異，所以朋友、同學知道我現在的變化後，都會感到非常不可思議，直呼「怎麼都看不出來？」因為我想要達成別人對我的期待，我是個男生，我必須成家立業、娶妻生子、我的職業要光宗耀祖、不愧對父母對我的栽培，我的靈魂深處，怎麼可能那麼輕易地被大家「看出來」呢？不要說別人，連我都一直在騙著自己，旁人又怎麼能正確地認識到這件事？

轉瞬間，人生來到了「四十不惑」的年紀，已經五子登科的我，達成了所有家人和社會對我的期望，但人生也過了一半，可以開始感受到老化、死亡帶來的恐懼，在人生上半場為了別人而活的我，就在四十歲的某日下定了決心，要為自己而活，「這時再不蛻變，就沒機會了。」所以我要解放內心最深層的慾望，做自己又不會傷害到別人，而且現在的狀態成熟，可以承受攻擊也可以保護我珍愛的事物，為何還要遮遮掩掩？人生的下半場不要留有遺憾，我要

為了自己進行蛻變，而且我確實對自己的目標不感到迷亂困擾，就是要展現我腦海中那個美麗、優雅的女性形象。

只是用想的很輕鬆，開始正視、追求並實現自己的過程，才是真正受傷的開始。認為遭到我背叛的家人、被其他人當作異端邪說、他人的指指點點、戰戰兢兢的人際關係，四方利箭齊發，尤其是意外地成為公眾人物，這段期間的內心，真的是傷痕累累。要不是還有一些朋友、同事們的支持，其實生活壓力之大，真的會像在地獄一般，一個人的時候，我甚至還會哭喊「我又沒有傷害你們，為什麼你們可以對一個努力追求自己的人如此狠心？」但既然我已經下定決心，就絕對不會回頭。我要盡我所能來平衡我的生活，並使出渾身解數，來撫平對家人所造成的傷害，我也要盡可能地變美，因為我知道美可以淡化刻板印象帶來的不適感；我盡可能地讓自己的脾氣變好，遇到任何事都可以冷靜處理並承受對方的情緒；我盡可能地把我該做的事情做好，讓人沒辦法對我挑毛病；交友方面我也趨於保守，因為我不確定別人是否可以接受這樣的我，所以盡量不主動攀談或接近人，可能有人會因此覺得我孤僻，但我只是靜靜地做好自己該做的事，不想強迫別人接受我，如果有人經過觀察後認為我可以當朋友，那我們再做朋友也不遲，這就是我現在的生活和社交型態。這些外在壓力，雖然比以前大上不只十倍，但是蛻變後的我，心靈的滿足感已足以支撐這些壓力，只要能

看到鏡中漂亮的自己、在外面被當作「小姐」對待、或被誇讚「漂亮」，這些細小、瑣碎的事物都是我人生的動力。現在回頭想想，我這「小姐」的名號，還當真是得來不易啊！是吧？

十、容貌

前面的篇章，已多多少少說到我對於追求外表這件事，這應該算是我的興趣之一。而且一直以來，我非常了解女生的外貌，對於她們生活的影響有多巨大，因為男生就是視覺動物，會檢視女生的外觀不意外，但其實女生也會看女生的，外觀姣好的女生，也會受到女性的青睞，雖然男生認為的美，與女生認為的美，兩者之間可能會有點差距，不過大致上的方向不會差太多，所以可以統整出一件事，美麗的人在人類群體中是處於相對優勢的地位。這個世界是如此現  實，所以當時要公開自己的祕密前，我已經知道，要讓大家能夠接受「與一般人不一樣」的我，最好的掩護就是美麗的外表，因為美麗的程度與大眾的容許度，是呈現正比關係的，所以我設定了一個目標，那就是我一定要達到一般人認為「長得不錯的女生」的標準，才能對外公開我的祕密。

但是，我要如何知悉自己的外表已經達到一般人認為「長得不錯的女生」的標準呢？我知道自己看自己絕對會失準，在樣本數不足的情況下，給你意見的人也可能因為出於友善而失準，所以，完全不認識我的人，評價應該才是最準確客觀的。但問題來了，要如何在不公開的情況下，得知完全不認識我的人對我的評論呢？當時我與好友 A 分享了我的祕密後，他好心（還是好玩？）

地暗自為我想了個方法，就是拿我的照片給他朋友看，看看他朋友對我的照片反應如何，後來他把調查結果告訴我，朋友的意見大致都是「這女的長得不錯。」、「不相信這是男的！」之類，所以我知道，我的外表應該是可以通過「一般人」的檢視，這也讓我更有自信，可以著手做公開女裝的準備了。

事實上，我也認為大眾能對我如此寬容，與外貌是否順眼有著決定性的關係，這邊我也要謝謝爸媽把我生得一身好條件，使難度降低了許多。但我一直覺得，我的人生還有一部分算滿吃虧的，怎麼說呢？一般來說，女生的黃金時期是四十歲以前，男生則是越老越吃香，我卻反其道而行，四十歲以前是男性，直到四十歲以後才開始試著當個女性，當我終於可以開始成為女性時，青春已經要跟我說掰掰了，以這角度來想還真的是有點沮喪，所以我非常珍惜青春的尾巴，希望青春可以停留在我身上久一點，讓我這個自戀的人，能多享受一下美貌帶給我的歡愉。從開始以女性姿態生活，到現在已經過了三、四年，期間我是如何維持外表的呢？現在就來分享我的愛美之道：

1. 餘裕的生活

我覺得維持青春的不二法門，就是要讓自己的身心保持平衡，該緊張的時候緊張、該放鬆的時候放鬆，緊張的時間絕對不能太長，要讓自己的內心盡量維持著「快樂」的感覺。這時大家一定想問我「要如何快樂？」只是每個人快樂的泉源可能不一樣，所以我也沒辦法給各位標準答案，但如果能在生活中找到並維持一、兩樣

興趣，往往可以藉此獲得快樂。我深信「心理會影響外表」的論點，一個生活痛苦不愉快、太過操勞而無法取得生活平衡的人，往往外表都看得出來，所以擁有一個快樂、有餘裕、有興趣且隨時可以充滿活力面對挑戰的生活，青春一定會停留在你身上久一點的。

2. 愛美、積極的態度

當你有了生活餘裕，讓快樂能充盈著你的生活，接下來重要的是「心態」，其實青春有個最大的敵人，那就是——連自己都覺得自己老了，然後成日把「老」掛在嘴邊。當然，我並不是要你一定要催眠自己是個嫩妹，而是希望各位能保持一顆年輕的心，描述得具體一點，那就是要維持著追求「美」的動力，不要輕言放棄、不要畏懼嘗試新事物、不吝於向年輕人求教、更不要覺得自己沒辦法變美了！我相信，只要拿出這樣的態度，美貌還是願意停留在你左右的。

3. 正常的作息、充足的營養與適當的運動

來了來了，這個老生常談又來了！雖然很煩，但我想應該沒有人會否認，這絕對是必要的條件。當然，偶爾為了朋友們的聚會徹夜狂歡，把垃圾食物與酒精塞進肚子裡、隔日身體虛弱而無法運動，確實有可能違反上列三者，但我認為，這樣的狂歡還是必須的，不然人生實在太無趣了！但是切記不能成為常態。如果是我的話，大概只容許自己一個月破戒兩次，而且之後還要加倍地運動，讓自己復原。有很多人來問我「都做什麼運動？」或「時間如何安排？」等，我大致上就是以重訓與有氧運動為組合，一個禮拜大約運動三到四次，每次大約一小時二十分鐘，如果是理想狀況，我會在中午午休時進行兩到三次重訓，以及一到兩次的有氧運動。重訓部分大致以練臀部、腿部為主，別的部分也都要帶到；有氧運動則有時踩踏步機、有時踩飛輪。但我認為，運動也不能強度過高或時間過長，據我的觀察，這樣的人看起來不見得會比較年輕，如果

你本身並不是非常熱愛運動的話，運動量適當就好。老實說，常聽同事常說：「運動完精神會變好，心情也變得愉快。」我的想法正好完全相反，運動對我來說是很痛苦的，我一點都不喜歡，而且運動完都會覺得好累，一點也沒有精神變好的奇蹟出現，要不是為了外表，我……可能早就放棄了吧！

4. 定期醫美保養

不得不說，近幾年醫美、微整形的效果實在太強大，從非侵入性的電波、音波到針劑類型的玻尿酸等填充劑、肉毒桿菌，再到埋線拉提等，對於臉部而言，我覺得如果真的要花錢，我寧可使用比較平價的保養品，把預算留著做醫美，定期進廠保養一下。但進行醫美要注意幾件事情，第一，就是要找信任的診所與醫生，因為醫療行為還是有風險存在，而且醫生本身的知識與美學，也是非常重要的一環，風險發生時如果沒有處理好，可能會因小失大。第二，是不要操之過急，尤其是填充類型的微整，記得慢慢填，不要太貪心，或仗著口袋夠深，以為把錢灑下去就讓自己一次完美變身，這樣很容易一不小心就變得不自然；再者是要評估自己的財力，進行相應的施作項目，畢竟許多的醫美施術內容，能維持的時間從三個月到兩年不等，而且必須要持續施作才能維持效果，所以不要衝動而花費過多，除非你有足的財力，不然就應該審慎評估，施作哪些項目是 CP 值最高的。

5. 一般的日常保養

最後的最後，終於來到了日常保養，我大致只有分為日間與夜間的保養，

沒有依照季節使用不同的保養方法，因為……那太複雜了。夜間保養通常是在洗澡後，直接先上兩層 SK-II 的青春露進行保濕與抗老，之後就會視情形用不同的精華液及乳霜，有時會使用含有 A 醇的產品，每個禮拜大約一到兩次，精華液會視情形使用不同廠牌和功能的產品，接著上眼霜，最後才是乳液。身體的部分則會在臉部保養中間的等待時間（保養品與保養品間）進行塗抹，尤其是小腿，我的小腿很容易乾癢，所以再怎麼忙我也一定會為小腿擦上保養品。我有一罐克蘭詩的精油，保養臉部時會順便進行下顎到耳下、耳下到鎖骨間的淋巴按摩，夜間保養大致就是這樣。日間的保養則較簡單，會先用化妝棉沾化妝水，去除臉部脫皮或眼屎，接下來再上一層青春露，然後再上一層質地比較清爽的乳霜，接下來就開始上妝。我想我的保養程序，跟多數女生應該差不多，但要說效果如何，我真的說不出來，只是不敢輕言放棄，算是種「有擦有保佑」的心理。

很多網友會問我「是不是喜歡男生？」、「有沒有喜歡過男生？」之類的問題。我可以理解他們的想法，認為我打扮成女生、把自己弄得漂漂亮亮，就是有吸引男生的意圖存在，但事實上完全不是這麼回事。我打扮女性化而且喜歡漂漂亮亮，是因為我認為自己本來就該是這樣，這樣讓我舒服自在且更有自信，看到鏡中的自己時會覺得心情愉悅，跟男生怎麼看我一點關係都沒有。我知道有很多男生會覺得我這樣的人很噁爛，但我才懶得管他們怎麼想的，我知道再怎麼樣都不能討好所有的人，但我至少可以討好自己。

十一、差別

不管是在 IG 還是專訪，我常被問到「你覺得當男生與當女生有什麼差別？」這問題其實問得不是那麼精準，因為事實上我再怎麼努力，都不可能成為女生，至少從現今的科技，我不可能與女生達到一模一樣的狀態，所以我其實無法代替女生說當女生如何如何。不過可以比較的是，我的男性外表時代與現在，別人與我相處的情形或我自己的感受有何差異，以下列出十點我認為感受比較強烈的部分。

首先，最大的差異在於陌生人對我的友善程度，可以很明顯地感受到，他們對女生外表的我會比較友善、包容度高，尤其當對方是男性時更是如此，像是有好幾次我要提重物上階梯時，都有男生主動過來幫忙，讓我有點不好意思。而且以前的我其實不太願意麻煩別人，例如有一次我與同事們在幫一名女同事在餐廳慶生，到了準備點蠟燭切蛋糕時，現場沒人有帶打火機，店家也沒有點火設備，這時我想都沒想，就跑到餐廳外面，隨便找個看起來有在抽菸的路人，用比較溫柔的口吻向他借打火機，這種看似相當平常的舉動，以前我可是拉不下臉來做的，但現在的我，很輕易地就可以向陌生人提出協助，因為我知道，我只要開口，對方幾乎不會拒絕我，這些情形，都是在我男生時期從沒體驗過的。

其次，女生不論是出門或睡前，

確實要花更多功夫準備，回想我在男生的時代，起床後不到十五分鐘就可以出門，現在則是要花一個半小時！以前想睡覺可以倒頭就睡，現在再累都得卸妝、保養，有時與朋友聚會到很晚，回家還得做這些事，真的很讓人頭大。而且像我那麼愛漂亮，每個月除了有固定的美甲、美髮行程，還要定期去做醫美、紋眉等，不僅花時間花錢，有些還痛得要命，只能說愛美真的要付出代價。

第三、男性時代的我，為了符合社會對男性的期待，努力做到「男兒有淚不輕彈」，我必須壓抑情緒，所以我真的超少流淚，不管看再感人的片子，我都會想辦法分心，讓自己一滴淚都不流。此外，我也會假裝膽子大，有時明明被嚇到了，還是可以維持一臉木然的表情，但現在的我，內心的情緒幾乎都不太需要掩飾，時常將內心的情緒表露出來，甚至淚流滿面也不覺得丟臉，這點真的感覺輕鬆許多。

第四、與純女生朋友聚會，話題會與純男性朋友聊天有明顯的差異，男生聚會聊天通常沒什麼具體內容，不是話當年，就是充斥著垃圾話；和女生則是天南地北什麼都可以聊，不論是家庭、男性、彩妝保養、包包衣服或旅遊等，話題相當多元，而且一定會拍很多照片，不像純男性聚會，很少在拍照的。不過，不管男生或女生，一定會聊很多八卦就是了。

第五、男生時期的我，外出時根本沒有注意儀態的問題，完全就是大

刺刺地做自己，但是現在外出，真的是無時無刻不注重儀態，像是要依照場合穿搭、隨時注意動作是否優雅、吃相是否好看、講話聲音是否太大、坐姿是否端正、拍照姿勢與笑容、說話語調是否適當等等，有時還會為了自己失敗的表情或動作而懊惱不已。在這邊分享一個小知識，女生的坐姿常常是雙腳併攏，除了防止走光，看起來也比較優雅有氣質，但這動作對男生其實頗有難度，我剛開始嘗試雙腳併攏坐時，幾乎撐個兩、三分鐘就覺得好累，沒想到看起來這麼理所當然的事居然這麼難，但女生做起來卻毫不費力！

第六、男生的穿著通常較為簡單樸素，以舒適為取向，而女生的穿著真的是變化多端，依照場合、時間或季節，區分得很細膩，打扮的樂趣更是比男生強一百倍以上。不過，愛美要付出的代價真的不小，女生的衣服若要好看，就常常會犧牲了舒適感和功能性，不是勒這邊勒那邊，就是沒口袋、不易穿脫、不舒服，尤其是高跟鞋，對我來說簡直是讓雙腳時常鮮血淋漓的凶器。另外，挑衣服時也會因為選擇太多而陷入困難，或是要隨著流行不停地研究穿搭、要考慮妝髮、配件、場合和時間等各種整體性的搭配，以前偶爾可以穿女裝時，

我並不覺得有什麼疲累，因為能穿女裝就很興奮，但現在這變成了我的日常，有時難免會感到疲乏，不過對於享受打扮的人來說，這點女生確實優於男生。

第七、職場上的待遇，這一點其實我的評論準確度有待商榷，畢竟在我工作場域，同事們都知道我生理是男性，所以同事們到底是對男性還是女性的方式對待我，連我自己都搞不清楚，不過他們確實對女性同事較為貼心，如果有一件事情需要有人出面處理時，會將女性可能不便之處考量進去，有時男性同事也會出面幫忙。可能因為是在檢察機關的關係，這邊的人對於性別平權的概念比較完備，而且彼此工作不會相互干涉，所以比較不會有一般職場對女性不利的情形，同樣也因為如此，我這種非主流性別的人才得以在此生存吧。此外，在開庭的時候，面對當事人也是有些許差異的，有些當事人很明顯地對女性不太友善，像是直呼我「小姐」，要知道，我在男性時代，從來沒人叫過我「先生」！不過比起不好的體驗，好的部分其實更多，自從我以女性的外觀與聲音開庭，我認為整個過程比較順遂，向當事人問話，對方配合度也比較高、表情比較和緩，這真的出乎我意料，原來女性柔和的一面，效果反

而更勝男性的剛強。

　　第八、容貌焦慮，這點不用著墨太多了吧？男生幾乎沒有在容貌焦慮的（越老越有價？）。說一句比較不客氣的話，大部分台灣男生都不太在乎外表及打扮，又怎麼會對容貌產生焦慮呢？但女生就不同了，現在我可以深刻了解女生對於年齡帶來的容貌焦慮，看著身旁的年輕女性青春無敵，自己的眼角細紋卻慢慢浮現，有時我真不敢想像自己明年會變成怎麼樣，幾年後是否就變成老太婆了？為了這點，我不知道挨了多少皮肉痛，只是男生通常不能體會女生這方面是如此辛苦，有時看到或聽到男生在品頭論足女生、對女生的外觀提出殘酷評論時，我真的會很想跟他們說：「先看看你自己！」、「你先把照片貼出來給大家笑笑！」

　　第九、與女性朋友間的相處方式，跟與男性朋友間的相處方式，是否有所不同？這問題其實也是因人而異，不過依照我的經驗，許多女性朋友真的心思比較敏感，會想得比較多、即使認識對方很久，都不見得能摸清楚對方的地雷在哪裡；但男性友人間一般不會顧及這麼細節的情緒，大家出來見面就是嘻嘻哈哈，重點在於玩得快不快樂，也比較

不會顧及說出去的話是否會傷及對方或有何不妥之處。不過相較之下，女性朋友之間會比較窩心、重儀式感，可以說各有各的好處。

第十、女生有姣好的外貌固然會帶來許多好處，但同樣要承擔一定的風險，像是我在男生時期，晚上一個人走進暗巷或漆黑的停市場，甚至夜間獨自到山上跑山的時候，根本不用擔心遭到危險或被侵犯，但現在的我則有種變成「被掠食者」的感覺，在周遭的朋友、同事們的提醒下，我確實要對自己的人身安全提高警覺，避免不必要的麻煩上身。現在的我，力氣與能耐已經大不如前，可能一個普通的男生都可以輕易把我制服，所以包包裡都會攜帶防狼噴霧，去許多地方或旅遊，也會考量自身的安全，這真的是男生時期想都沒想過的。但我也要說說比較有趣的經驗，有網友問我「有被搭訕過嗎？」沒錯，我確實有幾次被搭訕的經驗，我也覺得敢來搭訕我的人滿有種的，因為我很大一尊、加上不笑的時候看起來很冷，如果我是他們，才不會挑這一型的女生下手，不過還是感謝那些人，因為搭訕也算是肯定我的一種方式，只是搭訕的手法多數都滿老派的，比如說裝熟（誤認為以前同學）、直接破題（妳好漂亮，可以跟妳做朋友嗎？）、表明自身來意（我不是什麼奇怪的人，也不是要推銷東西，只是想認識妳）、刻意併桌（明明就還有位置，還要問「我可以坐在這嗎？」）、三兩好友借酒壯膽（在大馬路上喊「小姐姐要不要一起去喝酒」之類的）、近水樓臺搭訕法（坐在隔壁桌的突然搭話），不過為了避免對方浪費時間，我通常都是很冷酷地拒絕啦！

十二、比我更常被搭訕的檢座

　　跟檢座一起出門的時候，他比我常被搭訕，每每都覺得：「可惡！那些男人眼睛是瞎了嗎？」尤其是日本，發生頻率更高。有次在我們東京歌舞伎町，就有帶著醉意的上班族，跟在檢座後面對他喊：「歐內桑！歐內桑！」（日語「姐姐」的意思）嚇得他以媲美新幹線時速往前逃跑。最經典的是在道後溫泉，那時下榻的飯店有提供蜷川實花設計的浴衣，一般房內也有「地味」浴衣可以借，極度浮誇的我們，當然是要穿上花花浴衣到處走走、照相吃飯呀！

　　晚餐我們選在飯店附近的餐廳，由於是熱門景點，桌子間的距離滿近的。隔壁桌坐著兩男，「貌似」兩女的我們，席間不小心與他們四目相對，自然而然就聊了起來，檢座當時仍是不敢出聲的俗辣階段，只好由我跟對方哈拉。兩男得知我們也住同一飯店時，眼睛瞬間閃過一道光芒，此時此刻我想他倆應該腦補了一段日本愛情動作片。有一搭沒一搭地聊了一陣子，檢座因為怕被發現

破綻而坐立難安,所以我們速速吃完就離席,兩男只能以落寞的眼神目送我們離開,偏偏結完帳檢座發現東西忘了拿,又回到座位,這兩男眼中又燃起一絲希望,但劇情僅限腦補,我們還是自己回房間泡溫泉啦!

我們去德國時,檢座一直很想體驗高速公路無限速馳騁的快感,所以我們租了一輛 BMW M2,因為這輛車很厲害(到底多厲害其實我也不懂),開上路非常吸睛,有位德國帥哥發現駕駛是女的,還對檢座吹起了口哨!(沒來搭訕是不是有點可惜?)某次在比利時,檢座戴著一項貝雷帽搭配消防隊員般的橘紅色大衣走在街上,我因為東張西望(絕對不是看金髮帥哥)落後了幾步,回神忽然發現他小跑步了起來,我馬上追過去看看發生什麼事,結果他說:「剛剛有人叫我 Princess!」所以嚇得拔腿就跑。過去的我會森七七「為什麼他是 Princess 而我不是?」現在的我會告訴自己:「因為本座是 Queen!」

早期檢座被搭訕比較常發生在國外,但從日本「進修」回來後,在台灣竟也發生被尾隨事件。那時我們在 101,忽然覺得有位詭異男子一直跟在後面,

搭手扶梯時貼得很緊，餘光瞥見他戴著帽子跟口罩，手裡拿著裝有不明液體的寶特瓶，覺得甚是恐懼；離開手扶梯時對方往不同方向前進，結果檢座出於好奇望向對方，沒想到那個怪人剛好也回頭，先是四目相對，接著竟馬上衝了過來，繼續貼著我們再上一層手扶梯。我實在好怕他忽然拿出刀子捅人或潑灑不明液體，當檢座回頭用凶狠的眼神瞪他時，結果他那對狐媚的眼睛，反而讓怪人拉下口罩說：「小姐你好！」嚇得我們連忙逃往女廁避難了一會兒，還好出來時，怪人沒再跟過來了。彼時正在執行甩肉計畫的我，以為自己有稍加打扮所以比較吸睛，沒想到對方感興趣的，是難得素顏的檢座，這局我還是輸了這個狐狸精！

最可惡的是有一次我們一起下樓買菜，只是要買一根小黃瓜，檢座依然打扮得花枝招展再出門，我則覺得「老娘下樓買菜而已，難道還要明豔動人？」結果到了菜市場，攤販竟指著檢座問我：「這是妳女兒嗎？可不可以認識一下？」要不是我什麼都沒買，老闆就送了一根小黃瓜，否則我一定再也不會光顧那個攤位！

十三、嗓音

　　各位大致可以從我的 IG 或一些宣傳短片、訪談和新聞報導中聽到我的嗓音，但為什麼要談到嗓音呢？在女性化的過程中，嗓音問題一直非常困擾著我，我相信，這也是所有跨女很傷腦筋的問題。

　　會想改變嗓音（音頻由低變高、男變女）的初衷，是不想因為自己外觀的改變而對別人造成困擾，怎麼說呢？如果有著女性的外表卻搭配沈厚的男嗓音，反差實在太大，常常會引人側目。雖然我也可以不去理會別人在想什麼，但總是覺得不想要這麼突出，希望可以讓自己及身邊的人感到自在，所以才會想靠聲帶手術改變我的嗓音。

　　決定動手術之前，我曾花了約十年的時間進行嗓音練習（也就是俗稱的偽聲練習），甚至為此到日本購買相關書籍學習。在日本期間，還專程開了一千公里的車到東京上偽聲課（西原さつき的乙女塾），但得到的效果沒有很好，可能是我真的沒什麼天賦，使用偽聲發出來的聲音不僅太小，難以讓對方聽清楚，而且偽聲使用久了，聲帶肌肉很容易疲乏，並不可能長時間使用。再者，就算真的很有毅力、一直有意識地維持偽聲型態，聲調的高低起伏和抑揚頓挫仍無法自由表現，另外像是咳嗽、打噴嚏、驚呼、大笑等聲音也沒有辦法模仿，所以後來我便放棄了使用偽聲。

　　會想動聲帶手術的關鍵，是在我檢察官生涯中從公訴組調回偵查組前，因為考慮到偵查檢察官開庭時，需要大量、持續性的聲音，常常一開口就是兩個小時以上，以我當時的偽聲，別說能讓人聽清楚，聲帶肌肉根本撐不了那麼長時間保持張力。但如果使用原本的男聲，不僅來開庭的當事人會滿頭黑人問號、不能專注在我的問題上，也因為當時我並沒有要公開自己的狀態，怕被外界知悉有這麼一個奇怪的檢察官，可能有失機關威信，所以我想，如果我的聲

音跟外貌可以符合一般大眾期待，是不是所有事情都會單純許多？

　　但是，聲帶手術並不是萬能，調高聲帶的音域，代表的是整段音域的變化，原本的聲音就不復存在了，是否因此要犧牲已經使用了四十年的聲音，也讓我困擾很久。經過反覆考慮，首先確定了我要以女生外表繼續在職場工作，在得到太座的諒解後，最後終於決定在 2022 年 5 月進行聲帶縮短手術，預估了手術後的恢復期，應該可以趕上當年 8 月底的職務調動。本次的嗓音手術，我選擇了亞東醫院王棨德醫師的嗓音治療團隊，從諮詢開始，王醫師的團隊都超級親切、體貼而且說明詳細，整個手術的過程也相當的順利，癒後狀態也很好，算是個非常成功的手術。

　　手術前，我的聲音是非常符合社會期待的男聲，共鳴腔在喉部，一點都不尖銳、不娘氣，說話時甚至會下意識地壓低聲音來增加說服力，當時我的音頻大約在 120Hz（赫茲）左右，比起多數男生來說算是低的。而現在音頻則是維持著 200 Hz 以上的表現，相當於一般女生偏低的聲音。但這邊並不是要鼓勵

大家去動聲帶手術，因為據我所知，聲帶手術其實是個不確定性較高的手術，怎麼說呢？首先來聊聊目前把音頻提高的三種手術方式，若把聲帶比喻成吉他的弦，相信各位會比較容易理解，因為弦只要越細、越短或越緊，聲音的音頻就會越高，玩吉他的人一定都懂。聲帶也是一樣，要讓人聲的音頻提高，就要想辦法讓聲帶變薄、變短或是拉緊。而我做的是聲帶縮短的手術，原理在於把聲帶的三分之一進行縫合，只剩下原來的三分之二進行震動，聲帶變短，理論上確實可以達到音頻變高的目的，但男聲的聲帶天生較女性的粗厚，所以即使變短，以我的條件，也只能達到聲音較低的女聲音頻範圍。而術後聲音好不好聽、是否符合自己的期待，都是很主觀的，如果聲帶手術完成後，得到的卻不是自己預期的聲音，多少都會感到很沮喪。

要知道，想達到「女生的聲音」這標準，並不是把音頻提高就能做到，還要學習女性的音色與語氣，否則也只是徒然，這個就會涉及說話習慣、發聲方式、共鳴腔使用的問題。對於本來就習慣使用女聲的共鳴腔及講話方式的人來

說，這一點都不難，可能術後隨即就可以達到她們想要的效果，但對我這當了四十年的男生來說，聲音的改變絕不是一蹴可幾的事情，還得經過長時間的訓練。尤其是手術完後的半年間，新聲音的使用相當吃力，加上我的音質沙啞又容易有痰，聲音控制非常困難，那時聽到自己的聲音，總覺得相當絕望，會直接傷心一整天那種。所以聲帶手術其實可以視為一種「魔鬼的交易」，你只要想像當吉他弦越短，就必須用越大的力量，才能讓聲音順利產出，而聲帶也是如此，在出氣無法控制、發聲位置不對、肺活量不夠的情形下，若使用了長期習慣的發聲方式，聲音就會變得很微小、虛弱，讓旁人難以聽得清楚，一不小心就會造成社交障礙。

所以手術後的我，接下來就是無止境的共鳴腔改變、聲帶肌肉控制、出氣控制和語氣調整等訓練。過程中常有沮喪萬分的時候，我都會告訴自己同一句話：「手術已經做了，沒有退路了，難過也沒用，我能做的只有不停地訓練，並相信訓練能讓聲音變得更好！」到現在，我已經慢慢地習慣了自己的聲音，講電話時也沒有人會認為我是男生，一般女生的歌我也可以唱上去，到此我就知道，我的訓練已經開始有點成效，相信只要持續下去，一定還能更好。雖然我個人的手術現在來看是有點效果的，不過不代表每個人都可以藉此找到自己滿意的聲音，所以，沒有破釜沉舟的決心，真的不要貿然動手術，若是聲音變小、變差或不如預期，都是可能會面臨的風險，千萬要好好想清楚，尤其是像我這種年紀的人，這是一個除了賭上運氣還需要有毅力的重大決定，總歸一句「不要太衝動了！」

十四、司法官 = 很會唸書？

大家可能對我有個刻板印象，以為我可以考上司法官，一定很會唸書，可能從小就是資優生，甚至拿過書卷獎這類的榮譽，加上媒體多半是說我的好話，所以外界感覺我好像從小到大都是這麼的完美，但其實真正的我根本不是這麼一回事。

沒錯，我的同事們大多確實是非常非常會唸書的人，他們從小到大一路都是追求完美的菁英，我也以能成為他們的同事為榮，但我不是這樣的人，甚至可以說相去甚遠。從小學開始，我就是遲到大王，課業成績也不好，還常常遲交作業，幾乎天天被打，為了不挨揍，我每天都想著要怎麼不被處罰，除了偷簽聯絡簿或謊報成績，小學五年級時，我和一位同樣常被打的同學，悄悄地把老師的棍子偷出來，那位同學接著把棍子用力地丟向學校內的一處工地。原本以為沒了棍子，我們就不會被打，沒想到老師換了一個更可怕的體罰神器——熱熔膠條！

上了國中，課業表現當然是延續小學的作風，因為我根本不想唸書，討厭學校也討厭老師，放學後的補習時間，大多翹課去玩電動，排名自然始終在班上的中、後段。我記得有次期末考因為考得太爛，名次幾乎要墊底，為了不讓

爸爸知道，只好偽造成績單，但因為剪貼得歪七扭八，爸爸一下子就看出來，我當然也被他狠狠地揍了一頓！我爸很少打我，但那次挨揍的疼痛，我到現在還記得。照這樣的態度讀書，可以想見我高中聯考的成績不夠理想，我記得只能讀當時的泰山高中，但爸爸打算讓我上私校，便想辦法讓我去讀私立的東山高中。這段日子，是我人生的黑暗時期，現在想起來仍可以感受到當時的無奈。高二時，我獲得了可怕的全校倒數第四名，當時學校給我兩個選擇，一個是留級，一個是從理組轉文組，愛面子的我，被迫離開了理組轉向文組，但成績依然一直沒有起色；高二升高三的那一年，一個好朋友約我一起去報名高三數學的先修班，因為我很喜歡跟朋友混在一起，沒多想便答應了，這次我真的很幸運，因為高三數學一開始的單元是「機率」，是一個獨立、不需要太多數學底子的單元，而我遇到的補習班老師，每個問題都講解得非常仔細，所以一節課可能解不了幾題。

但是……奇蹟發生了，我居然懂了！我非常興奮自己可以聽得懂、看得懂題目。有了信心後，我嘗試了這單元的其它題目，加上那位朋友很喜歡數學，我們互相鼓勵、切磋，題目越做越多的我，終於體驗到數學有趣的地方，所以高三一開學，我就在這個單元取得好成績，進而擔任班上的數學小老師，這大概是我從小到大，第一個類似班級幹部的職位（由此可見我在高三前

有多慘）。機率的單元一下子就上完了，但我不想再變差了，於是開始趕進度狂做題目，連做三套參考書加補習班的題目，數學成績果然突飛猛進，但我還是不滿足，覺得其它科目應該也可以比照學習數學的模式，所以我一科一科地重建，可是這時我與很多老師的意見不合，由於老師都有自己為學生安排的讀書計畫，但我很清楚他們的讀書計畫根本就不適合我，加上我的時間已經不足，沒辦法按照各科老師安排的完美計畫，必須要建立自己讀書的步調和考試攻略，所以我跟導師說：「我不想來上課了，我要自己到外面的圖書館唸書。」這是我第一次出於自己的意願想要認真讀書、考試，而開明的導師也爽快地答應了！為了回報導師對我的信任，我審慎地擬定計畫，因為我自知時間有限且基礎太差，每科都讀對我來說一定會全盤皆敗，所以我選擇放棄英文，因為學英文對我來說太沉重，如果要兼顧，可能會壓垮其它科目，所以只有背少量的英文單字，把心力用來衝刺別的科目。這個策略果然奏效，我終於在大學聯招時，以全班第一名的成績考上東吳大學法律系，總算沒有辜負導師，不過，這也導致我的英文能力到現在還是非常破爛。

　　但是我的本性就是不喜歡讀書，上大學後更是變本加厲，只知道瘋狂地玩，玩到連教授是誰都不曉得，終於讀到第六年，以全班倒數第三名的成績畢業。這是個什麼概念呢？坦白說跟沒讀過法律系差不多，可能連大一新生都比我強很多，我真的沒誇張！畢業後順理成章地去當兵，退伍後因為很厭惡法律這種文字遊戲，壓根沒想過走法律這條路，便進入雜誌社工作。但在雜誌社期間，我發現看不太到前途，這時，我接到大學時和我一起瘋狂玩樂的同學 A（以下簡稱 A）打來的電話，要我一起回去唸書考司法官，讓我突然好想念昔日大家一起玩樂的時光，加上想到如果將來大家一起工作，每天都能見面打屁，開開心心地上班，這樣的環境實在是太好了，於是決定回去讀書，也是我第二次出於自己的意願開始讀書。

大學時期的 A，成績是全班倒數第一名，所以我們是在大家都不看好的情形下，組了一個讀書小組。但是司法官考試真的不是普通的難，從零開始的我，除了認真地上補習班，每天還在圖書館 K 書約八到十個小時，但我資質沒有很好，考了四、五年才考上。考過國考的人都知道，除了消磨志氣，備考過程更充滿了精神折磨，還可以體驗分離之痛！A 不但天資聰穎，唸書也非常規律、有毅力，所以他率先

考取而且是雙榜。考上後他跟我說：「我等你，我們一起去司訓所（現稱司法官學院）受訓。」我還可以笑笑地回答他：「好，一起去！」但當時因為失戀，非常害怕孤單的我，覺得一個人讀書準備考試真的覺得好寂寞，所以應該就是在這一年，我認識了現在的太太並開始交往。

一年後，我因為得失心太重、考試過度緊張，再次嚐到失敗的滋味。落榜後我四處走走散心，記得當時在新莊的 IKEA 閒晃，接到 A 關心我考試結果的電話，我故作輕鬆地告訴他：「抱歉，我還是落榜了，哈哈！」本來還想用一些取笑自己的言語，好讓場面不那麼尷尬，但電話那端的 A，聲音突然哽咽，哭著對我說：「我好希望你考上喔⋯⋯」聽到這句話，我再也忍不住了，情緒就此潰堤，坐在賣場的沙發上大哭，大部份是為自己感到難過，但也有一部份是感到幸福。

接下來的一年，當時的女友（也就是我太太）盡可能地陪我，沒有給我過多的壓力，這時我反而減少了讀書的時間，用來自學鋼琴、陪伴女友與到處拜拜，心情也慢慢地平靜下來，想通了「沒考上不是什麼天大的事」，於是我不緊張了，以放鬆的狀態面對考試，總算可以完全發揮我的實力。其實考完試時我就篤定自己一定可以雙榜（律師、司法官），只是名次的差別而已。

　　目前 A 和我在同一個單位服務，我們仍像是當初相約考試時一樣白爛且要好，但我每每想到這件事，還是會眼眶泛淚，連在打這篇文章時，都不自主地涕淚齊下。我其實一點都不完美，甚至有點頑劣，幸虧一路上碰到很多好的朋友和老師，在他們的引導下，漸漸地走向現在這個樣子，人生中有這些朋友，是我這輩子最大的福氣。所以我可以說，今天這位不太會唸書、卻被人覺得很厲害的陳樂樂，是因為遇到了許多貴人，當然首先要感謝我爸媽，把我培養出善良且平易近人的個性，進而認識了這群貴人。正因為我是一個如此不一樣的人，所以我也不覺得我的小孩一定要贏在起跑點，我只想給我的小朋友滿滿的愛，等到他找到了自己想做的事，我相信他一定可以做得很好。

十五、爆炸時刻

　　其實牛座也不是一直那麼開朗幽默，翻臉時罵人的本事跟寫文章相去不遠，我不否認「王子變公主」，讓我內心是有怨的，但既然是自己的選擇，就不要抱怨。怨恨這種事，要嘛想辦法排解，要嘛就埋在地底深處，再用火山熔岩封印。但總是有火山爆發的時刻，大家看我們情同姐妹閨密，但我的愛情呢？雙魚座的人兒沒有愛情，就像離開水的魚啊！即使每天我過得再開心，解不開的難題還是無解，只是兩隻眼睛閉起來假裝看不到而已。所以其實我還滿羨慕存在愛情的婚姻關係，雖然檢座跟我說：「愛情走到後來，本來就是會變親情的！」但我只想說，我管別人是不是只剩親情，我還是想要愛情啊！我管你是不是生理男心理女，你看起來就是個臭三八，我怎麼會對你有愛情？

　　檢座跟我說過，不論我變成什麼樣子他都會愛我（難道我要公主變王子來證明看看嗎？），所以即使在我很胖的時候，他也從沒嫌棄我不好看，而我為了排解怨恨，跟他討論我打算去做一些荒唐事，他也不會阻止，或是我崩潰大哭的時候，他問我怎麼做會讓我比較開心，如果答案是離開他，他也只能接受。當然，他也會跟我哀怨地說，因為這個興趣，犧牲了很多東西，但我只覺得「對啊！你犧牲了我！」

　　我們現在的生活型態，他必須在我不開心的時候，包容承受我所有的負面情緒，但大部分的時間，我都是讓自己開心的，只是那種感覺很奇怪，我不是單純發自內心地開心，是為了讓自己開心而努力開心，所以我會說，要不要開心是可以自己選擇的，這個概念就像是身體有個帶病的細胞，如果那個細胞一輩子沒有讓病徵表現出來，是不是可以認為自己沒有病？所以我選擇讓自己開心，如果一輩子可以一直這樣開心，是不是就真的是開心了？我承認這是自欺欺人，但不然我該怎麼辦呢？我沒要離婚呀！因為我不想要小孩兩邊跑，而且

家長在虧欠的心態下，很容易造成兩邊都溺愛孩子，或是負責教養的那一方很容易變成黑臉，反而吃力不討好。我還認真地進行 SWOT 分析，我這個中年婦女（雖然保養得宜），如果失婚很難東山再起（是有起過嗎？），或是年老失修腰桿子變硬了，無法為五斗米折腰，掐指一算，分開沒比較划算，不如無病呻吟加上氣焰囂張，然後心安理得地接受檢座的供養。而且本座就算心裡苦，還是會笑得很開心的！哈哈哈哈哈哈～（有夠變態）

　　有一段日子我非常鬱悶，覺得「老公怎麼不見了？」、「為什麼人生跟原本想的不一樣？」、「為什麼我要忍受這一切？」、「為什麼婚姻裡很多理所當然的事情消失了？」、「為什麼心裡有股怨氣無法發洩？」在某位看似人生勝利組的朋友建議下，她介紹了她的心理醫生給我。之所以說她「看似」，並不是不認為她是人生勝利組，而是她條件很好、工作體面又內外兼具，但心裡也有無法解開的結。心理疾病不會直接顯現在肉體，無法體會箇中難處的人，往往只會認為「妳就是過太爽！」、「妳已經比其他人好很多了！」、「根本

沒那麼嚴重，是妳想太多！」說實在，這些言論完全不會有任何幫助，就像跟一個生不出小孩的人說「放輕鬆！」但這三個字也不是那麼容易做到，我想這也是為什麼很多人心理狀態不好，也不願說出來的原因。

　　第一次接觸心理醫生時，我擺明了我就是「最美檢座」的老婆，向她敘述我有多麼不開心，然後醫生慢慢替我回溯我的過往和童年回憶，那時醫師給了我一些建議跟結論，當我跟友人分享時，她很訝異醫生居然會在第一次碰面時就有那麼多回應，當時我可能覺得諮商費很貴，所以把握時間劈哩啪啦狂講，巴不得把所有的問題都丟給她，看她能怎麼處理。後來想想，醫生接我這個案例應該很累，太多東西給她消化了，畢竟很多人見到心理醫生不知道從何說起，需要慢慢引導，跟那些人比起來，我的講話速度和內容應該都是十倍吧！雖然心理諮商並非一蹴可幾，需要長時間調整，但在和醫師第二次碰面之前，

我跟朋友相約嬉鬧一陣後，忽然覺得心情好多了，甚至考慮要不要取消心理諮商，但我知道每次碰面前，醫生都會檢視案例，如果我臨時取消很沒禮貌，所以還是去了，醫生對於我這一周的轉變感到非常訝異，我告訴她我想靠自己去處理情緒的問題，醫生也尊重我的決定，所以我的心理諮商才進行兩次就結束了。雖然朋友罵我浪費錢，但我覺得醫生再怎麼會引導，最終還是要靠自己啊！長時間要花那麼多錢，我

寧願省下來買包包（是說包都是檢座買給我的，好像也沒有省的必要，只是覺得不想花在這裡）。

目前的我只能說心理諮商這條路不適合我，但不一定不適合大家，所以如果遇到解不開的結，這仍是一個可以嘗試的方法。有些人對於心理諮商有點障礙，但我覺得有病就要看醫生，就像咳嗽一直咳，會擔心嚇到旁邊的人而去看病，那心裡有傷當然也要處理，不然會一直散發負能量啊！我跟檢座聊過這個話題（話說我們夫妻／閨密之間真的沒什麼不能聊的），他覺得我有讓自己擺脫陰霾的能力，會嘗試去找讓自己開心的事情做，不管做了有沒有效，踏出那一步很重要，這點並不是每個人都做得到。就像數學，這題不會就是不會，那就先跳過不要解這題了，反正人生的題目這麼多，還是有其它題目可以解的，在解題的過程中，或許得到天啟、靈光一現，原本無解的題也就豁然開朗了。人生就像月經一樣，情緒總有高低起伏，若一直處在高潮，那也是不正常的。

有些人建議檢座，偶爾穿上男裝討我開心（其實女裝的他一樣每天在討我開心啊！），但畢竟他九成九的時間都是女生，對於停滯很久的愛情，不是像變身一樣馬上就可以變出來了，這是現在的他給不了我的東西，如果我一直期待不存在的東西，對彼此壓力都很大，不如就好好認真當閨密吧！所以我們出遊都在拍照拍影片，研究怎麼擺拍好看，或找適合拍照的景點跟咖啡店，偶爾還可以一起跳一段 K-POP，認真說來，他真的是我最好的朋友。有網友說很羨慕我們的關係，某些角度來看，我們確實是令人羨慕沒錯，但實際的生活，當然不是大家所想像的充滿粉紅泡泡，而是要轉念，讓既成事實看起來美好甚至加以善用。

經營家庭就像經營公司一樣，檢座是個很好的老闆，在提攜照料新人（太子）不遺餘力，給員工（太座）的福利也很好，既然老闆都那麼認真了，我這個爽爽坐領乾薪的員工，自然要讓工作氣氛和諧才能長久（檢座好累，下班是

另一個上班！）。而且因為檢座異於常人的興趣，莫名其妙地變成網紅，我這個太座沾了點光，發文有人看其實也滿開心的，這點算是他公開女裝癖後讓我能發自內心高興的事情，所以也謝謝各位的支持。雖然太座跟檢座的心理素質都算強大，但有了你們，就像打怪時加了 buff，即使面對酸民也能一笑置之，畢竟神都分派系了，身為人怎麼可能讓大家都喜歡或接受兩座呢？

　　檢座的新聞爆出來後，就有酸民留言「他老婆怎麼不離婚？」、「他老婆是不是長得跟漢子一樣？」這兩則讓我印象深刻，我很想回應「難道你覺得老闆不好就會離職嗎？」（而且檢座對我超好啊！我幹嘛離婚？），還有「他老婆很正喔，羨慕吧！」不過怕引起筆戰，所以我都忍住了（就像以家長身分出席活動都要咬緊嘴唇，不要亂開車），有些話在我的小小園地裡寫寫，整理一下心情就能獲得平靜。也可能老天知道我不喜歡一成不變的生活，給了我檢座這個試煉，從男的變女的，夠會變了吧！結一次婚卻體驗了兩種婚姻，好像也可以說是不枉此生。

前面隱約提到我在英國唸書時，交往了一個女扮男裝的男朋友，雖說我從沒想過會跟女生交往，但並非沒有前例可循。我國中的時候一開始唸的是公立學校，那時「少不更事」加上有那麼點情竇初開，偷偷喜歡著班上成績很好的男生，我跟一個聲稱「金蘭之交」的姐妹吐露心事後，她說要幫我追那個男生，那時年幼無知的我，尚不知這種事很容易「公親變事主」，就發生鳩占鵲巢橫刀奪愛的慘案。我媽為了讓我斬斷情絲，不要為這種小情小愛耽誤課業，就把我轉學到管理嚴格且是男女分班的私校。

但為了避免愛情滋長就把異性分開管理，我覺得也是一件匪夷所思的事情，因為在那樣的環境下，比較帥氣的女生，就容易變成其他女生崇拜甚至愛慕的對象。我到了新的環境，確實也喜歡著班上一位風格較為中性的同學，但

因為她跟另一位女孩是班對，作為外來者的我為了求生存，沒有採取任何行動，同時也覺得既然都轉學了，就定下心來好好唸書吧！最後相安無事直到畢業，更考取了第一志願的高中。

到英國求學期間，記得那時我上完語言課程，IELTS（國際英語語言測試系統）也過關了，所以確定可以開始碩士課程，就從原本的十人小宿舍，搬到寬敞一點的五人宿舍，那是一棟兩層樓的建築物，有五間雅房，大家共用客廳、廚房和兩間浴室，為

了避免文化差異造成的生活隔閡，學校在安排「同居人」時，基本上會把種族相近的同性安排在一起。某天下午，我在二樓房間裡寫報告，忽然聽到門鈴響起，心想「會有一樓的人去開門吧！」過了一會兒門鈴又響，只好心不甘情不願地下樓，門一開，只見一個眉清目秀的男子抱著一個大紙箱，之所以稱他為「男子」，是因為他的髮型跟穿著都是男生樣貌，但這邊是女生宿舍，就很納悶地問他：「你幫你女朋友搬家喔？」「沒有啊！我自己要搬來的。」「這邊是女生宿舍耶！為什麼你可以搬來？」「我也不知道，可能學校搞錯了吧！」雖然有那麼點疑惑，但我當時已習慣英國人的辦事沒效率及不認真程度，所以沒做多想，反正他的房間在一樓，即使是個男生，生活應該不會有太大的影響吧？！

沒想到，對方跟檢座一樣是個會動腦筋的人，近水樓臺百般示好又體貼，到了確定我已暈船的程度，再坦承她其實是女生，這樣我就不會立馬清醒想下船了。我看過某位海王受訪時，分享他如何讓眾女友們和平共處的經驗，他說要讓女生產生情緒波動，才能留在她的心裡，等她上船了，然後疼愛她照顧她到她離不開你的時候，再坦承她只是眾多寶貝的其中之一。結果這個行為被主持人說這是在 PUA 女生，但海王反對這點，他認為他沒有貶低女生，而是尊重女生，並幫助女生成長，如果女生遇到更好的對象隨時想下船也沒關係。雖然說愛情應該是要有想獨占對方的心情，隨時抱著離開都沒有關係的心態，可能不叫愛，但並不是每段愛情都是雙向奔赴，有時候我甚至覺得，「各取所需」也是一種愛的形式。

回到那位跟檢座「型態相反」的男朋友，在那段時間其實我滿開心的，因為英國食物我不好多說什麼，但我在出國前根本不會煮飯，對方很會煮，那時身處寒涼的北愛爾蘭，雖說風景優美生活單純，但就是有那麼點無聊，加上我也不愛一直跑 Local 的 Party（現在覺得扼腕），每天下課有人安排好熱騰騰

的伙食，休假期間也去了很多地方旅行，有種平凡樸實的小確幸。雖然她很想與我共度一生，研究了英國同性婚姻的方法，但後來我慢慢清醒了，覺得這不是我想要的生活，我只想要正常簡單的婚姻，和正常地擁有個孩子，所以參加完畢業典禮沒多久我就離開英國，沒想到，最後還是遇到了「異於常人」的檢座，只能說人生總有很多意想不到的事，甚至很多事似乎命中注定，就看自己要以什麼樣的態度來面對這趟旅程。

當我不開心時，我會想起我的大弟弟，他在三十八歲那年因為急性白血病離開了我們，得知生病的時候，他的工作剛升遷，還交了女朋友，未來應該是有很多好事值得期待，沒想到卻因病魔纏身，一切戛然而止。在抗病期間，弟弟仍正向積極地面對各種辛苦的治療，不用住院時，也會把握時光帶著女友遊山玩水，直到生命最後一刻他都沒有放棄。而我身體健全，面對憂鬱或困境，為什麼不能正面迎擊解決問題、讓自己的每一天都不留遺憾呢？所以這邊也想提醒大家，有什麼不如意的事，都還是有「選擇」的，如果有勇氣終結自己的生命，何不拿這個勇氣去做瘋狂的事？人可以好好活著，就是一件充滿意義的事。

十六、人生觀

　　我是及時行樂型的人，各位讀到這裡，一定也明白我從小就愛玩不愛讀書，說實話，我還真不敢想像人生如果沒有玩樂，那還有什麼意思。當時年紀還小的我，一心只想著玩，一直以為只要活下去，就可以玩下去，直到高中時期，當時我和一位爸爸的朋友聊天，他的一句話把我徹底嚇壞了，他說：「要趁大學時好好享受玩樂，畢業後就沒有玩樂的時間了。」這句話有如晴天霹靂，讓我開始懷疑，難道我的人生到了二十幾歲，就要過著行屍走肉的生活嗎？

　　如今大學畢業也二十年了，那句話到底有沒有應驗？其實現在我還是很愛玩，可以說無時無刻不抱持著愛玩的心，希望自己每天都能過得開開心心，而要讓自己開心，絕對沒有比玩更直接的方式了！所以那位長輩所說的惡夢，並沒有出現在我的人生中。

　　相信很多人對檢察官的認知是，檢察官就是除惡務盡、心中充滿正義、為辦案不分日夜、以服務社會和打擊犯罪為樂。但要知道，檢察官也是人，有不同類型的人，就會有不同類型的檢察官，那種嫉惡如仇、把人生賭在檢察官職涯上的人絕對存在，但我不是。那麼，我是屬於哪一種檢察官呢？我自認我屬於「生活型的檢察官」，雖然我從事這項工作，但並不代表我的人生要全

部投注在此，因為擁有自己的生活，絕對比工作重要太多了！我的原則就是在上班時間內，徹底做好檢察官的工作，其它的時間，一定要充分享受自己的生活，如果有一天，檢察官的工作會壓縮到我的私人生活時間，或許就是我要離開這份工作的時候了。

有人可能會疑惑，為什麼很多檢察官都案牘勞形，你卻可以準時上下班？我只能說，這是對於工作的看法不同。我認為在上班時間內，很有效率地完成工作，該休息時好好地休息，這樣才能健全自己的身心，所以我一定準時下班，下班後完全切斷工作的思緒，不管工作是否還沒收尾，我一定會忘得一乾二淨，保持我休息時間的品質，這點說來容易，其實是需要心態調整與練習的。當你太投入於工作、太想要在工作上有所成就時，反而通常難以達到效果，所以我對於工作，會保持一定的距離感。事實上，依我目前的生活模式，並不會影響到工作，所以我在新北地檢署的未結案件數，一直都是全署檢察官中偏低的。

要知道，如果我是個會堆積案件或人際關係有問題的檢察官，以我目前樹大招風的狀況，肯定會被狠狠地攻擊、負面消息不斷。事實上，在檢察官論壇（法務論壇）內，確實曾有人想要帶風向攻擊我，但我的本分已做到沒什麼讓人可以見縫插針的地方，加上新北地檢署大家都對我很好，所以那些想攻擊我的負面輿論，沒有辦法被帶起來。IG

上也有網友質疑我「為何可以那麼常出國、在國外待那麼久？」其實我對於工作的安排，都是非常謹慎且有計畫的，我能請假多久，就代表我一定有把握處理請假期間的工作事務，絕對不是不顧一切、想擺爛就擺爛的人，正因為我對於工作和時間控管都非常地有把握，所以我可以更盡情地享受人生。

當然，我並不會否定那些選擇把工作充滿生活的人，若他們覺得這就是他們獲得快樂和成就感的方式，那有何不可？但對我

而言，我既沒有升遷的慾望，加上家庭環境還不錯，所以金錢在我眼中也並非無所不能，我只希望每天都要快快樂樂地過，這樣的生活才是最符合我的方式。手握權力或超級富有，但每天煩惱重重、過得不怎麼快樂，我可是千萬個不願意，我不想要在職場奮鬥二十年後，才因為想玩卻玩不動了而感到後悔。

總結一下，我的人生觀雖然是及時行樂派，但我還是會顧及現實狀況，還記得我的小孩四歲時說的經典名言：「人就是要玩的啊！（翻譯：人生就是要一直玩）」我只能說，孩子你雖然常常胡說八道，但這句話你說得一點也沒錯，希望你未來也可以玩得開心、盡興。

十七、關於育兒

　　育兒這件事，基本上我跟大家沒什麼不同，畢竟家裡總會有豬隊友，但要指責對方豬不豬之前，最好先檢討一下自己夠不夠神，不過這裡沒有要指責對方，我只是陳述事實（硬是要合理化）。檢座雖然看起來像媽媽，行為模式其實還是個爸爸，像是太子想喝飲料，便利商店明明有百百款可以選，他偏偏選了機能飲料，上面還標示「兒童不宜飲用」；還有，太子兩歲的時候，檢座就給他喝奶茶，買熱狗麵包還買到會辣死小孩的芥末醬口味……。

　　大部分的爸爸都會下水陪小孩游泳，但檢座這傢伙偶包很大，不喜歡戴泳帽，怕頭髮下水不好看，所以在我抱怨之前，他從沒帶太子下水過，看著別的小孩很開心地玩水，太子卻對水很恐懼，我忍不住要賞檢座白眼。另外像是天氣很好的時候，大家都會想帶小孩出門走走曬太陽，但他會擔心網友們讚不絕口的完美瀏海被風吹亂，或是怕熱怕太陽曬。檢座的指甲太小片，為了讓手的

比例好看，指甲留得超長，我都很怕太子被他戳到，還要不時聽他指甲不小心反折的哀號；因為愛漂亮，每次他穿高級的衣服，也很怕被小孩弄髒或拉扯……對於這位因為愛美而自討苦吃的人，我只能說我已經昇華到連白眼都懶得給了。（原本想大書特書檢座的豬隊友行為，但我真的只想到上面那些，這時候深深覺得金魚腦沒什麼不好，因為連不愉快的事都可以忘記，人生從此一片光明。）

　　原本檢座是不想要小孩的，因為他擔心自己的癖好會對小孩帶來不良影響，但我有子宮啊！我每個器官都想使用看看，不生小孩是哪招？好歹你也結婚前跟我說，我可以找別人嘛！好在最後我贏了，所以總算有了太子。雖然檢座在我懷孕時，經常放話「小孩如果半夜哭鬧，就要把他推到隔音室以免擾人清夢。」（我總是賞他一個白眼，內心 OS：「你家哪來的隔音室？有的話要睡你自己去睡！」），或是堅稱「小孩一定要打」，畢竟我們都是被打過的，所以我（看起來）很乖。懷孕時我確實很擔心檢座不喜歡太子，但我真的多慮了，離開醫院時他早早就把嬰兒提籃安裝在車上，在月子中心時，動不動就想把嬰兒推進來看，或是一直開電視看嬰兒室裡的太子。帶太子回家後，他也很樂於幫嬰兒洗澡，所以我除了親餵兩年半以外，好像也沒有很累（絕對是失憶的關係）。

幫太子取名字前，我婆婆特地找上一位有名的算命師，幫孫子取了個「好名」，一旁的我聽到的當下就覺得「完了完了，這個名字一定不會過。」等到檢座下班回家，我向他稟告太子的代號時，他果然嗤之以鼻，還跟我婆婆吵了一架，最後決定自己另請高明再算一次。這次我們很認真，先上網搜尋適合的大師再提出需求，結果大師聽完來龍去脈，不敢承接這個案子，最後太子的名字是我們兩個自己取的。

有一次我們去餐廳吃飯，席間太子產出了食物廢渣，檢座馬上抱起嬰兒並抄起媽媽包直奔廁所，那天他是男性打扮，自然是去男廁，換尿布時他感覺身後的門被打開又匆匆關了起來，整理好一切後，他開門看到兩位紳士站在外面等候，那兩位男士聽到他說了一句：「你們沒走錯！」，才大笑著走進去。一個留著長馬尾又纖細的人在幫嬰兒換尿布，一定會被認為是女啊！可是檢座進男廁會造成別人的困擾，進女廁又可能造成性騷擾，所以大家不要再猜了，他大多都去無障礙廁所啦！

檢座著女裝時，如果沒有無障礙廁所，他都會去女廁，畢竟一個貌似女生的生理男大搖大擺進男廁，造成的騷動難免會比進女廁大一點點。有次他開車載太子出門，忽然覺得後門有東西急著要滾出來（這邊指的不是車門），心裡盤算著哪邊可以停車並用最短距離快走到廁所，畢竟

內急加上拖拉太子行走，很可能真的就拉了，這時他想到地下停車場就有廁所，把車停在離廁所最近的車位，應該是最理想的。但是帶著太子進女廁，就怕他胡言亂語叫「爸爸」，所以檢座特別提醒太子「千萬不要在廁所喊爸爸」，還靈機一動，幫自己取外號「大恐龍」代替爸爸，沒想到就在檢座獲得解放、鬆了一口氣時，太子忽然調皮喊起：「爸爸！爸爸！」害得他瞬間縮肛（不是縮缸），深怕外面有人聽到後報警處理，還沒來得及制止兒子，兒子馬上又指著他的下體說：「唧唧！唧唧！」（我很想阻止你們腦補那個畫面，不過大家應該已經補好了）

關於檢座上女廁這件事，請大家放心，他只是想低調不要引起任何人注意，進去也不會東張西望，甚至會小心控制排放的力道，以免太大聲驚擾隔牆鄰居。出來洗手也只會狂照鏡子補妝梳頭，他對偷窺女生毫無興趣，因為他開

始對比自己男裝模樣還帥的男生有興趣了（咦？！）。

有次在升降梯裡，檢座和我帶著太子進去，裡面有個小女孩看到我們就問她爸媽：「為什麼他有兩個媽媽？」家長頓時一臉尷尬，不知該說些什麼，但我想都沒想直接回答：「那個是爸爸！」（結果家長更尷尬了……）因為爸爸就是爸爸，對我或太子來說，檢座並不會因此變成媽媽或阿姨，他就是個喜歡留長頭髮、穿漂亮衣服的爸爸。

所以教育太子分辨男生或女生時，我無法讓他直接定義「長頭髮、穿裙子」的就是女生，而且檢座胸部有肉，我也不能教他從胸部判斷男女，只能告訴他：「每個人喜歡的東西不一樣，要慢慢觀察。」也許他還小，很多事情無法理解，但至少曾經有人好奇地問他：「你爸爸怎麼長頭髮穿裙子？」結果太子很大方地回答：「他就喜歡那樣子呀！」生在這樣的家庭，我覺得心智強大是很重要的事，與其遮遮掩掩含糊其辭，不如坦蕩蕩地讓小孩了解這個世界有很多面向，惡意的人一定有，但善意的人一定更多。想一想，我們有人家說的那麼壞嗎？或是我們真的有人家說的那麼好嗎？自己如何定義自己才是最重要的。

　　所以很多時候，我還是覺得檢座能一起育兒很好，偶爾小孩半夜有狀況，如果我起不來想耍廢，他即使隔天要上班，還是可以一個人處理好。例如有次他發現太子微尿床，我感到他的動靜，清醒了幾秒後發現沒有濕到我這邊，選擇繼續昏睡了，他也沒叫醒我，就自己處理完畢。有次我們在日本，半夜時太子突然嘔吐，把晚餐的烏龍麵近乎原形吐了出來，他吐第一口的時候我就驚醒了，趕快把他扶起來免得他嗆到，此時被子和床單都是烏龍麵，我帶太子去清潔，檢座負責更換床單棉被，短時間內我們就各自清理完畢，速速躺回床上休息，假設當時如果只有我一個人，處理這些會是多麼無力。所以，很多時候雖然有人爭著當媽媽讓我覺得

很煩（還是檢座只想爭著當美女而不是媽媽？），但媽媽要做的事有人幫忙分擔，還是挺不錯的。

　　不只是我們家，即使是一般家庭，也是有很多媽媽會抱怨爸爸破壞育兒的規矩，但規矩都是人訂出來的，如果爸爸覺得媽媽計畫的方向不需要或太嚴苛，也不要一天到晚因為理念不同而壞了心情（畢竟會讓心情不好的事太多了），而且小孩普遍跟爸爸姓，如果爸爸覺得成績才藝那些都不重要，只要小孩健康平安長大，而且能明辨是非善惡，媽媽也不用把小孩養成人中龍鳳這種壓力加諸在自己身上。我最擔心的，其實還是太子因為同儕無法理解我們這樣的家庭，讓他被排擠而受到傷害，所以我只能訓練他心智強大，即使遇到挫折，仍可以樂觀面對，我跟檢座也會持續努力讓自己變成更好的人，不要成為孩子的負擔。那些持反面態度的人，認為我們是「不正常」的家庭，會對小孩造成不良影響，那我也想知道，什麼叫做「正常」家庭？異性戀嗎？正常外觀的父母嗎？難道正常外觀的異性戀就一定養得出「優良」小孩嗎？那如何定義小孩是不是優良呢？我只覺得在充滿愛跟資源充足環境下成長的小孩，人生就不會過度偏差，這也是我跟檢座一直都在努力的方向。

十八、時尚圈初體驗

我從來沒有想過自己可以走上伸展台,當模特兒對我來說更是遙不可及的事,沒想到我的人生會在四十四歲時,嘗到擔任女裝模特兒的滋味,而且走的算是台灣有名的大秀。這次受設計師周裕穎之邀,擔任 2023 年臺北時裝週「JUST IN XX」品牌的特別嘉賓,在收到邀請簡訊的那一刻,我真的是開心得快跳起來了,先不論自己有沒有這實力,光是受邀就覺得好光榮。當時我正與同事們在外用餐,我趕緊詢問他們:「我去參加臺北時裝週走秀,會不會不妥?會不會有損檢察機關形象?」同事們睜大眼睛地說:「我覺得不會,你一定要去參加,這對機關形象並無影響,反而有可能是加分喔!」經過幾日的思考及沉澱後,我覺得要參加這種與工作性質不太符合的活動,還是先跟長官報備比較好,所以幾天後便找機會向長官們談及此事,長官們也非常開明,認為這是我私生活的一部分,而且該活動並不會損及機關形象,對我參加台北時裝週一事樂見其成,所以,就這麼決定了。

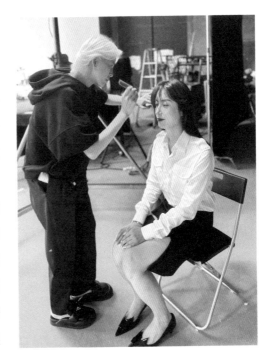

2023 年是我面臨最多挑戰的一年,若要說哪件事最令我緊張,肯定就是走秀了。在等待期間,心中一直對自己冒出好多疑問,像是「我不會走台步怎麼辦?」、「身材沒顧好會不會很

丟臉？」、「要穿什麼衣服？會不會很奇怪？」由於走秀前要先定裝，我特地走訪設計師周裕穎的工作室，設計師與他的員工都好親切，他挑了三套走秀服讓我選擇，我選了代表桃子的洋裝，穿上後覺得很滿意，因為顏色是我最愛的粉色！但在試鞋子的時候，感覺有點不妙，因為那雙鞋跟應該有十五公分高⋯⋯。

　　很多人應該不知道走一場秀是有多麼累，當天我真的是深刻體會到，模特兒的錢實在是不好賺！晚上六點的秀，大約早上八點就要到場開始整理妝髮並進行彩排。髮型因為是使用整頂未修剪的假髮，戴到頭上後才開始做造型，光

是準備髮型，大概就用掉三個小時以上！中午我因為太緊張而吃不下，下午真的想要吃東西時，卻因為被釘在椅子上弄頭髮，沒辦法拿東西吃，後來都處於有點低血糖的狀態，我覺得自己能撐到最後沒有暈過去，算是很幸運了。回到當天早上八點，每位設計師的模特兒都聚在同一桌吃早餐，這畫面是很不容易見到的，

因為每個男女的顏值、身高和身材，都不是一般生活中隨時可以看到的樣子，這樣的人同聚一堂，畫面真的是賞心悅目，讓我深感可以身處在他們其中，是否太榮幸了一點，但另方面也擔心自己是否會拖垮他們的素質。

　　準備妝髮時，我也見識到秀場的壯觀之處，現場是個大禮堂，分為三個部分，進門後會先看到華麗的背板，背板後方是髮型區，再過去是彩妝區，最後面則是模特兒休息區，近百位模特兒就這樣一直往來這些區域間，設計師也不停地穿梭其中確認成果，現場人員都超級忙碌，我也看得內心壓力山大！

　　彩排是非常重要的程序，我們總共彩排兩次，因為走秀時每位模特兒都要走上伸展台兩次，第一次是單一品牌的走秀，第二次是全品牌的謝場，所以要針對這兩次出場進行排練。穿上鞋子後，我就覺得狀況很不妙，因為鞋子真的太高，我不知道能不能撐那麼久，不過在看到我前面那位模特兒的鞋子後，真的在心中大呼幾次「好險！」，因為當時我選的服裝中，就有包括我前面模特兒穿的那一套，而那套衣服搭配的鞋子，是超級厚底的涼鞋，旁邊還綁滿一圈假葡萄，感覺是個很容易割腳或被絆倒的鞋子，真的很恐怖。

彩排時秀導在前方對所有模特兒解說動線、站位和速度等事宜，秀導總是稱呼模特兒「各位超模」，這真的是逗樂我了，自己沉浸在這浮誇的稱號中竊笑著。大家可能認為「走秀有什麼難的，不過是走出去再走回來嗎？」對我來說，最困難的是要穿著超高的跟鞋走出去且不能跌倒，還要走得夠快，女模特兒真的都好厲害，她們同樣穿著高難度的鞋子，但是走路速度好快，我使盡吃奶的力氣，都沒辦法跟上她們，所以排練時有幾次落後得有點多，讓我非常自責，這時就真的好羨慕男模特兒，不用穿高跟鞋，走起來應該容易些。剛剛說到我前面的女模特兒穿著綁滿葡萄的鞋子，但她即使穿著這麼難穿的鞋，我還是跟不上，有時她走到一半，假葡萄掉下來了，真的有股慾望想幫她把葡萄撿起來！

走秀前一個小時，我們已經整裝完畢，在後台定位準備出場，大家都得站得直挺挺，免得把秀服弄亂弄髒。這時品牌和雜誌到後台進行簡短的訪問，我對著鏡頭說「快暈倒了」絕對不是在唬爛，因為那逼死人的高跟鞋，加上沒吃飯導致低血糖的狀況，我早已感到既疲累又辛苦，真的是靠意志力硬撐著。走上伸展台的那一刻，眼前的強光讓我根本看不太清楚前方狀況，只能拚了命，保持優雅地往前大跨步，滿腦子都想著「不要跌倒！」、「要跟上！」和「快結束了！」，定格時面對台下的人，我卻一點尷尬或緊張的感覺都沒有，因為我知道，身體的承受程度，才是當下最沉重的考驗。

好不容易走完秀，一到後台就發現大家都很崩潰，有些女模特兒大叫：「腳好痛！」、「快拿我的鞋來！」，我則是拚了命地走回休息室，沿途一直抱怨「休息室怎麼那麼遠！」脫掉假髮、秀服和高跟鞋，換回自己的衣服後，來到秀後 Party 與太座及前來看秀的朋友會合，那個 Party 辦得很不錯，我還去搭訕男模，讓太座可以被男模圍繞拍照開心一下，大家玩得不亦樂乎。但我的腳後來真的承受不住，好幾次莫名其妙抽筋，直接坐倒地上，痛到連走路都非常困難，三天後才漸漸舒緩，真的好可怕！

之後我看了自己走秀的影片，感覺走得有模有樣的，設計師也說其實我走得不錯，聽到他的誇讚，真是讓我心花怒放，因為人生中可能只有這一次走秀的機會，我也確實把握住、並有模有樣地實現它，真的超級感謝設計師周裕穎的邀約，以及現場所有的工作人員，讓我留下如此美好的回憶。

至於登上《VOGUE》雜誌封面，絕對是我人生中的里程碑，理由不用多說，《VOGUE》在我心目中的地位，絕對等同於「時尚」這名詞。在當時，也就是 2023 年 7 月，基本上我會拒絕所有的邀約，包含媒體專訪，因為我深怕在媒體上進一步曝光，會造成家人的傷害。沒錯，各位沒有看錯，因為媒體的報導，對我的父母來說，絕對是場災難，其實當時我用女生的樣子跟父母見面已經兩年多了，他們也沒有特別表示不滿，但自從我被媒體公開之後，父母深感不能接受，那陣子，我的親子關係一直深深困擾著我。考量到父母那邊的觀感，以及報導對於工作的影響，那時我是謝絕任何邀約，除了《VOGUE》。

當《VOGUE》向我提出邀約，說明 2023 年 10 月的封面主題，會集結代表台灣「多元共融」的各種人物，這對我來說真的是機會難得，因為這種主題並不是隨時都會出現的，此次沒有把握住，將來不一定等得到機會。而且考量《VOGUE》的知名度、專業度和質感，可以預見參加拍攝對自己而言，絕對有非常正面的影響，就我個人的私心，能夠以女模特兒的姿態完成許多女孩的

夢想，還有什麼比這更誘人的事？所以當我接到邀請時，立即一口答應，深怕錯失良機。不過參與了《VOGUE》的拍攝，也變成難以拒絕其它媒體邀約的破口。

進棚拍攝當日，也是辛苦無比，是個從早上十一點到晚上八點的馬拉松行程，因為這不是一個人的封面拍攝，而是多達二十人的團體照。早上到場後，就開始髮妝的工程，接著是一連串的拍攝，從個人拍攝、小組拍攝、團體拍攝到短影音錄製，而且每位參加者都會相互等待，所以花費的時間非常可觀。當天我的服裝造型由 PRADA 提供，包含白襯衫、黑短裙和高跟鞋，完全就是職場女性的形象，這樣的安排讓我相當滿意，因為《VOGUE》為我挑選的穿搭，很符合我的形象，而我也很喜歡 PRADA，可以穿他們家的高跟鞋更是讓我興奮。PRADA 提供了好幾雙高跟鞋，我最喜歡的是超高、細根、尖頭、全黑素雅的一款，當然，穿著這麼美的鞋子是要付出代價的，即便我真的很喜歡、很想把那雙鞋買下來，但經歷了一天的拍攝後，鞋子虐腳的程度還是令我卻步，購買計劃只能暫緩。對了，忘了說那鞋跟目測有十一公分以上，加上是薄底尖頭，穿上它拍攝，或站或走，還要維持表情與 Pose，過了一個多小時就覺得好累好累。現場跟我同一組的，都是職業模特兒居多，她們真的專業又高挑。分享個小趣事，拍攝小組照時，站在我旁邊的，是五十七歲的模特兒 Christina Chung，她是位外表很高冷、實際上很親切的大姐姐，攝影師在前方指導我們的動作時，聽到攝影師說：「樂樂，妳搭 Christina 的肩膀！」我的第一反應是用肘搭她的肩，結果一搭上去就感覺不妙，內心吶喊：「這肩也未免太高了吧，搭著其實好辛苦！」沒想到，《VOGUE》真的就選了這張我內心吶喊時的照片！回到正題，拍攝時，每位來賓都拼盡全力上陣，儘管許多人同樣穿著超高的高跟鞋，大家臉上卻沒有流露出一絲的疲累與痛苦，我們不停地反覆走位、依照指令動作，只為了拍出一張可以使用的照片。拍攝完成時，我真的是鬆了好大一口氣，回到家後幾乎就虛脫了！

　　現在回想，真的很慶幸我把握了這個機會。人生一路以來，隨時都要面臨抉擇，我認為我一向選得很好，接受《VOGUE》採訪後，其實對我的個人形象非常加分，也意外地突破了公務人員不會與時尚沾上邊的窠臼，這是我人生中做過最正確的抉擇之一，我有上《VOGUE》耶！現在還是覺得像做夢一樣，這種感覺，就好像我知道考上司法官那瞬間一樣興奮。

十九、淒風苦雨宜蘭行

　　大部分的爸爸似乎都比較不注重小孩的成績，或是各方面才藝的表現，但根據我的觀察，爸爸會不在意，往往是因為沒有「身歷其境」。話說檢座曾經表明不在意太子的成績，畢竟他以前就是個品學兼「憂」的學生，直到開竅了，才走上檢察官之路。某次我們與太子的同學一起參加家族旅遊，我發現大部分的同學游泳都會下水憋氣了，就太子還掛在泳圈上漂來漂去，途中不知發生了什麼事，檢座就先把太子帶上岸洗澡，還唸了太子什麼都不會，讓他覺得很丟臉！咦？此時此刻我忽然聽到了關鍵字，啊不是說不在意成績？怎麼大家擺在一起，你兒子比人弱的地方你就覺得丟臉？既然當爸爸的開始有了這種羞恥心，我當然要趁勢鼓勵：「好啊，那下次我們住飯店你來教他游泳喔！」畢竟教游泳是爸爸的工作，媽媽只要穿比基尼在岸邊拍照就好，但我家爸爸會偷穿我的比基尼……。

　　有次連休，我揪了姪子作陪，心想有小朋友一起學習會比較有效率，並「順便」約了我爸媽。為什麼要說「順便」？因為「專程」安排旅遊揪我媽出去玩，一定會被她拒絕，她的套路我也是到了不惑之年才略懂略懂，只能怪我資質駑鈍，白白跟自己的媽媽「雞飛狗跳」了二十年。（雞狗真的是我們生肖，也

是我跟太子的生肖⋯⋯無限循環⋯⋯）

　　到了飯店，檢座認真地換上泳衣，我們一起帶著小朋友前往戶外的游泳池，沒想到當下風雨交加，椰子樹在風中起舞，雨射到地板約莫四十五度，萬事俱備，只欠東風，卻來壯風。本以為潛到水裡應該就感受不到風雨（這對家長到底是多瘋？），結果檢座自己下水都覺得冷，太子也是一碰水就直發抖，大家只好匆匆上岸，把兩隻小男孩交給我弟，帶去男湯溫水池泡一泡，檢座則回房泡湯取暖。

　　大夥兒稍事休息後準備張羅晚餐，但這次不小心住到一家房間很多的飯店，加上外頭風雨交加，臨時想訂餐廳，要等到八點才有位置，回想起之前在宜蘭叫外送等了一個多小時，我們便決定自己去羅東夜市買。原本我媽要跟我去，但檢座認為，哪有讓岳母冒雨買東西回來給他吃的道理，決定還是我們兩個出門就好，上網挑了一家很有名的羊肉料理後就出發了，因為停車不易，

下車後檢座獨自去買，我分頭行動，到便利商店和手搖店採買。檢座到了羊肉攤，現場人龍已排了三圈，他在風雨中撐傘排隊，後面的冒失鬼還把傘交錯到他的傘下，愛美的檢座一下子就被對方雨傘滴下來的水淋濕頭髮，把頭髮撥到一邊，水更是直接灌到他的衣服裡，因為站在雨中太久，運動鞋也早已喝水到喝好喝滿。

　　買完飲料後，我回頭有點找

不到原本檢座下車的地方，還自以為貼心地把車開到離夜市近一點的位置等檢座，沒想到他在前方一直向我招手，我卻以為他在後方的夜市還沒過來（我絕對沒有要趁機報他總是在路上看不到我的仇），最後，他很狼狽地上車了。回到飯店，沒什麼胃口的檢座急著泡澡再次回溫，到了半夜還發燒，早上很早就起來泡澡，泡完再睡個回籠覺，這次住飯店泡了三次溫泉，感覺有夠本！因為飯店有送酒吧招待券，晚上我就帶著我媽跟兩小上樓坐坐，沒想到也是人滿為患，看到有人起身，馬上瞬間移動到空位坐下，結果點餐模式也頗複雜，出餐慢就算了，竟然還漏單，等到我兒子都睡著了……。

　　隔天早上，飯店可能為了分散用餐人潮，開放住客退房後仍可使用早餐，沒想到像我們一樣打算睡到自然醒的人很多，退房時等電梯等了很久，吃早餐時也要排隊（在此提醒出遊時若有長輩同行或人數較多，最好包棟民宿加上安排一泊二食）。終於用餐完準備離開，我們大隊人馬等電梯時，門口有位長者發名片給我們，旁邊的工作人員說是飯店董事長，我對著董事長脫口而出：「哇！生意很好耶！」後面還不小心多了一句：「做什麼都要等很久！」

二十、簽名會

「簽名會」？別開玩笑了，我又不是什麼偶像明星，為什麼要辦簽名會？我真的壓根都沒想過辦簽名會。雖然 IG 上很多粉絲都鼓吹我辦簽名會，但是我真的覺得自己的身分辦簽名會實在有夠怪！而且大家都知道，以我們的職業來說，實在不可能不樹敵，所以這類公開活動，若是沒有保全在場，那我簡直就是完全暴露在危險中，尤其有些很極端的人，很討厭像我這種族群，直接匿名寄送恐嚇、詛咒信件到地檢署的也大有人在，要我如何放心地與粉絲直接見面？

但因為 2024 年 1 月適逢總統暨立法委員的選舉，各地檢署其實都有一些配合高檢署和法務部推廣「反賄選」的宣導作為，這些從上級層層轉下的行政業務，對地檢長官們是有些壓力的，每個地檢署都絞盡腦汁，要怎麼在最少的預算下，達到最好的宣傳效果？沒錯，就是想要馬兒跑，但是不想馬兒吃得好的意思。各地檢為此事傷透了腦筋，我們新北地檢署也是如此，承辦此業務的

同仁知道我是當時媒體喜歡的題材，所以來詢問我是否願意擔任地檢署反賄選代言人一職，其實這真的是個好主意，因為在當時我只要發文就會被新聞媒體轉載的狀況下，讓我擔任反賄選代言人再適合不過了，而我很樂意幫忙，原因無他，找愛我的工作，也愛地檢署的同仁，若可以幫上忙是我的榮幸，所以，就這麼決定了。

在與地檢署的承辦人討論如何推廣反賄選具體內容時，一開始只是要我與長官們在新北地檢署為更生人舉辦一年一度的「幸運草市集」開幕儀式中，一同參與宣誓反賄選而已，但感覺這樣對媒體的吸引力不夠，怕許多媒體沒有興趣參加。大家要知道，媒體，尤其是比較主流、大型的媒體，沒有話題性的東西，要請他們來報導並不是件容易的事，所以我主動提議，是否給我一個小攤位，讓我幫粉絲們簽名？承辦人員與檢察長討論後，覺得這方法可行，所以才有這場簽名會的安排。

舉辦簽名會沒有想像中那麼容易，主辦單位除了要安排場地及規劃動線，還要派員警保護我，甚至要印製讓我簽名用的物品，其實滿消耗資源的。為了這場簽名會，我還設計、多次練習新的簽名方式，並答應接受媒體專訪，只為

了炒熱簽名會。為此，主辦單位特別印製有我肖像的拇指扇，粉絲們只要到攤位消費就可以獲得拇指扇找我簽名，這麼聰明的構思，就是為了讓簽名會可以順利圓滿。簽名會當天，噢不，是反賄選宣示大會那天，主辦單位安排我致詞，還真是會幫我增添緊張氣息啊！當天有突然到訪的高檢署張檢察長和法務部長官，還有我們地檢署的檢察長、主任檢察官，以及許多與地檢有業務往來的地方仕紳。最可怕的是，許多媒體聞風而至，場面還真不小，從台上往下看，最後一排滿滿架著攝影機的陣仗，真的不是開玩笑，想不緊張也難。當天「太座」也到場為我打氣，我真的很感動，因為她根本不需要面對媒體，但她還是來了，更被媒體團團圍住。我想她那時還沒理解，其實自己在媒體眼中是多麼有吸引力，在當天有點炎熱的天氣下，她陪我走完全程，後來還一起幫粉絲簽名，真的是辛苦她了。

　　我有個習慣，像這種上台可能會緊張的場面，我一定會把稿子背到猶如肌肉記憶的程度，也就是即使腦袋一片空白，我的嘴巴還是可以順順地講完。檢察官有很多演講的機會，曾經有一兩年，我主持多場研習講座，所以這方面還算有經驗，上台前我一定會唸稿一百次以上，克服自己對於上場時的緊張。反賄選宣示大會當天，為了不讓粉絲們失望，我選了我很喜歡的 Self-portrait 套裝，並盡可能地讓我的妝容和儀態保持優雅完美，後來透過新聞檢視自己致詞的表現，自認還算可以，唯獨對媒體將我由下往上、從腳掃到頭的謎之運鏡，感到真的很好笑，但媒體比較著重在我的外觀，也算是意料中的事。致詞完畢

後，我要陪同長官們去幸運草市集的各攤位關心、推廣商品，大家陸續走下舞台前往各攤位，因為論官職我實在太小咖了，所以走在滿後面的，這時媒體竟然都圍著我，沒有去拍攝前方的長官們，讓我尷尬到直冒冷汗，深怕長官們因此對我印象不好，後來高檢署張檢察長好像發現了，便很熱情地叫我過去一起拍照，還大笑說：「漢章不來拍照，他們都不想拍。」讓我鬆了好大一口氣。

巡視攤位完畢後，就開始簽名會的行程，主辦單位貼心地為我準備壓克力隔板，並安排地檢法警及土城分局員警在一旁保護我，座位前方設置紅龍，弄得有模有樣。原本以為大概一小時就可以簽完，沒想到粉絲們反應熱烈，簽了快三小時才簽完，我才知道，原來簽名會也可以這麼累！在簽名會期間，我發現人龍中有一群鬧哄哄的人，原來是我的同事們，趁著午休時間來幫我加油打氣和拍照，深深地感動了我，這也是為什麼我願意為地檢署無償付出時間與勞力的原因，說實話，當時感動到都快落淚了！不過簽名期間，我一直聞到一旁飄來陣陣臭豆腐的香味，真的好想吃，結果簽得太久，活動結束後居然收攤了，沒吃到臭豆腐真是有點難過。

　　這次的反賄選宣導及簽名會其實辦得相當成功，我們成功地獲得媒體關注，也完成舉辦簽名會的願望，真是一舉二得、雙贏局面！期間要致謝的人太多，當然特別感激媒體朋友們幫忙宣傳反賄選且賦予我正面的形象，這也成為我人生中美好的回憶之一。

二十一、任重道遠的和服體驗

　　去日本和服體驗時，檢座總是興趣缺缺，因為他不想穿男生的衣服，所以寧願不穿。但這種事就是要有人一起穿才好玩啊！有次我終於把心一橫，跟他說：「你一起去體驗和服吧！穿女裝！」他馬上眼睛一亮直說好。作為一個「顧全大局」的「賤內」，速速搜尋合適的店家開始預約起來，還必須備註「有一位是男子，但是要穿女裝。」，看看哪家店願意配合這種需求，沒想到還真的被我找到了！

　　來到預約的店家，由於檢座不能和其他女生一起挑衣服、著裝，我們反而有獨立空間使用，看他喜孜孜地挑著花花綠綠的衣服，我也在找喜歡的花色，然後兩人一起討論腰帶怎麼搭配。著裝完成後，店員不停地誇檢座好可愛，雖然這種商業模式的浮誇我已經聽慣了，但錦上添花也沒什麼好排斥，於是兩人興高采烈地出發，沒想到這一路，我又被檢座整了……。

這一次幸運地遇到了京都的時代祭，可以看到平安時代到明治維新時期的裝束，但遊行隊伍實在太長，穿著和服與木屐的我們，行動其實滿累的，所以沒有整場看完，想找地方坐坐。檢座那個俗辣深怕被發現男扮女裝，不敢進入店家，只好在路邊的公園稍事休息，稍微走了幾個地方也差不多要歸還衣服，結果這個可惡的傢伙還不讓人搭公車，

原因一樣是怕被發現，但我心想：
「你以為是什麼國色天香可以吸引
目光？老娘腿都快廢了你只想到自
己！」果真換個位置就會換顆腦袋，
檢座穿上女裝時，確實腦袋不好使，
經常迷路、左右不分，不過現在變
成日常後，已經改善不少，我想應
該是沒有「難得可以穿女裝」的興
奮感了吧！那天走下來，我深深體
會什麼叫任重道遠……。

　　好不容易回到還衣服的地方，
我們直接被帶往女子區，結果檢座
一直找不到自己裝衣物的袋子。那
是自然啊！因為他的袋子應該在男
生那一區，此時有其他女生進來了，
忽然開始脫和服，我匆匆把檢座推
出去，告訴店家這位是男的，所以
不是在這邊更衣，店家才想起今天
有這麼一位男扮女裝的客人，便把
我們帶到專用密室去了。

　　回想起這一切，我都會忍不住
懷疑是不是「委屈求全」，反而「助
紂為虐」？

二十二、成名後的壓力

　　登上新聞媒體後，在外頭被認出來並要求合照，已成為我的日常，我想除了因為我的身高在女生當中算是很高的，所以在人群中很容易被發現，也可能也是因為我極度不喜歡戴口罩、墨鏡或帽子，所以被發現的機率實在太高。原本以為我只有幾萬名粉絲，不至於常常被認出來，但實際上，誇張的程度遠超我想像，怎麼說呢？像是走在百貨公司或地下街等人多一點的地方，大概逛一圈，就可以碰到兩、三對前來要求拍合照的粉絲，有認出我但是沒來拍照的更多。去很多攤位及商家，同樣有人認識我，除了我常逛的信義商圈，甚至回台南喝牛肉湯，我也被老闆娘認出來，還幫我升級成大碗。即使身在國外，只要去台灣遊客較多的地方，也會碰到粉絲前來要求合照或是在旁驚呼「那不是

檢座嗎？」大家或許以為我在炫耀，但其實不是，因為這真的對我的生活造成很大的影響。

　　最直接的影響是，我現在出門一定得保持完美的狀態，光是這點就很累，但是沒有辦法不這麼做，因為連出門去便利商店買個東西，都有可能被要求合照，既然是合照，怎麼可以讓粉絲失望呢？所以即使當天沒有外出的計畫，我還是起床就會把妝畫好，達成隨時可以出門的狀態。有時太座跟我一起出門也感覺壓

力很大，因為她並不是如此勤於化妝的人，但只要我被別人認出來，就會導致她跟著被發現，所以她常常掛在嘴邊的一句話是「跟你出來不化妝真的不行！」其次是原本我很喜歡逛街，平均每個禮拜兩次，要是沒逛街，就覺得沒有紓壓到、「當週 KPI 沒達成」的感覺。但因為現在出門，常常會感到旁人的目光落在我身上，我的內心便自然而然地陷入「是不是又被認出來」的情緒當中，造成我的動作、表情都很難放鬆，漸漸地變成一種壓力。而且有時去專櫃或店家，店員如果認出我，都會非常熱情地幫我找商品，讓我不好意思空手離去，不知道大家是否了解這種壓力？

　　我其實滿常出國的，畢竟這是我真正可以放鬆做自己的時刻，因為國外的人不認識我。但即使如此，還是不能徹底鬆懈，因為我去的國家大都是比較鄰近的日本、越南等地，這些地方台灣遊客也相對較多，所以還是有被認出來的

可能。有次在日本的百貨公司逛街，我因為內急要找廁所（如前所述，我在外都是上女廁），就在距離廁所不遠處，突然耳邊傳來「那是檢座耶！」的驚呼聲，當時我的臉上應該有三條線吧！我只好牙一咬，立馬找手扶梯離開該樓層，到別的地方找廁所，避免造成不必要的誤會。還有一次是在越南，當時我很想穿比基尼在海灘上照相（沒錯，就是IG 上的那套綠色比基尼），從飯店走到海灘時，比基尼外還有

穿罩衫和褲子，因為實在太害羞，遲遲不敢脫掉外衣，後來看到人比較少了，只有一些遊客在沙灘上拍照，我想此時不脫待何時？於是開始脫罩衫，正當我在脫褲子時，耳畔又傳來有人用中文說「他要脫了、他要脫了」的聲音，搞得我整個人變得超級緊張，臉一定超綠，只好脫掉外褲立馬往海裡衝，深怕大家嫌爆我的身材。

　　往好的方向想，這也是一個很特別的經驗，畢竟不是人人都可以碰到的機會，而且說不定，大家過一陣子就把我忘了，當我沒被認出來的時候，說不定還會覺得有點落寞呢！

二十三、旅遊驚險事件

1. 租車忘了駕照

　　從旅行中了解身邊的人真的很重要，特別是自助旅行，更容易發現彼此是否適合一起生活。幾年前檢座還有著少爺的壞脾氣，而我也帶點傲嬌的 G-bye 人特質，剛開始一起旅行時，經常不小心踩到對方的雷而生悶氣，過一段磨合期及溝通後，體認到生氣無法解決問題，以及一些氣話出口後，被說的人一定不開心，說的人也不會比較好過，慢慢地便很少吵架或講出傷人的話了。

　　有次在東京，檢座忘了帶駕照譯本，當下我們傻眼到不行，本想用台灣駕照取得通融，但嚴謹的日本人，當然不容許資料不全就把車租給我們，可是我們安排的行程都必須自駕啊！後來租車公司建議我們，趕快去千葉縣辦理駕照

譯本，免得行政單位和租車公司下班，就要等明天了。我記得那時是中午到達的班機，寄放行李後搭電車趕往千葉，已經將近下午四點，辦理時還不能馬上取件，明明是一張紙，卻要蓋章一小時，這時忽然覺得台灣監理站非常有效率，五分鐘速速辦好！等待的同時，我們在附近找了一家咖啡廳坐坐，順便調整後面的行程，等拿到駕照譯本再衝回機場租車行，已經晚上八點多了，第一天行程便是專程跑到千葉喝咖啡……。

雖然當下有情緒為何這麼重要的東西會忘了帶，也有點遺憾自己沒有 Double Check 導致這樣的窘境（可能是因為婚前出國不小心發現求婚戒，從此不想再檢查？），但還是保持理性，沒有想要結屎面或責怪檢座，畢竟沒有人會故意犯錯，我也不想旅途的開始就不快樂，問題可以解決就好，所以就帶著平靜的心情一起去千葉、一起解決問題，然後期待隔天旅程正式開始！

2. 金鱗湖太子暴哭

　　第一次帶太子出國，我們有點不安，所以邀請我媽一起加入行程，但因此衍生另一個不安——媽媽雖然已知檢座有女裝癖，但「耳聞」跟「親眼目睹」是兩件事啊！而且還要長時間相處，對雙方似乎有點挑戰性。沒想到跟我媽說明後，她竟坦然地說：「不會啦！就像跟兩個女兒出去玩那樣！」

　　由於太子還小，睡眠時間滿長的，加上親餵所以非常黏我，上幼兒園之前，他就像一個可愛的活動枷鎖銬在我身上，旅遊的時候也不例外，所以特別安排比較輕鬆隨興的湯布院溫泉之旅。

　　那時訂了一家房間就有露天溫泉的飯店，畢竟檢座去了大眾池的男湯，鐵定會成為全場焦點，改去女湯也可能發生踩踏事件；而且家母對於大眾池也有點抗拒，所以在房裡泡湯是最好的選擇。我們入住的是雙人房，除了基本的雙人床，再在塌塌米地板上加個床墊，我媽

和檢座兩人爭著要睡那，畢竟我媽疼女婿，不好意思讓他睡地上，但敬老尊賢的檢座，認為哪有讓岳母睡地上的道理，還說「傳出去能聽嗎？」我媽則回他：「沒有人說怎會傳出去？」沒想到現在就被我這個話多的人傳出去了，原來世事難料也可以用在這裡。

隔天行程是到金鱗湖邊散步，悠閒地逛逛小店，眼看差不多到了太子睡午覺的時間，找了家店把太子奶暈後，檢座說：「妳跟媽去逛逛，我來陪他睡吧！」然後我們母女倆就開始環湖一周，沒有嬰兒在手簡直重獲自由，一路上有說有笑，隨興停留拍照。然而，快樂的時光總是過得特別快，隱約聽到遠方傳來嬰兒啼鬧，哭聲甚為淒厲又有點耳熟，心想「該不會是我家那隻醒了吧？！」是說他老子幹嘛不打電話給我，讓太子哭成這樣！我們立馬加快腳步循聲而去，即將抵達案發現場時，遠遠地便看到一臉驚慌的檢座，一手扶推車，另一手持嚎啕大哭嬰兒一名，不時引來路人上前關心「還好嗎？需要幫助

嗎？」檢座看到我後，速速將燙手山芋丟到我手上，那顆哭聲驚天動地的山芋隨即安靜下來，要是再哭下去，可能湖裡不存在的水怪都要被他召喚出來了。

檢座說：「剛剛他哭得好慘喔！好像是被偷抱走的小孩，我好緊張，而且一直有路人要來幫忙……」一般來說小孩爆哭時如果有人來關心，家長會覺得欣慰，但檢座可是穿著女裝啊！還沒進化完成時突然受到關注，害怕露出馬腳的他自然

是很焦慮，但我覺得檢座想太多了，因為大哭的嬰兒才會是全場焦點，根本沒人在看你好嗎？

3. 鷹爪下的獵物

日本老鷹還滿凶狠的，我們曾帶著太子在沙灘上搭帳篷玩沙吃點心，看到旁邊的情侶擺個野餐墊就約會起來，過了一會兒一群老鷹聞香而至，我和檢座速速把太子趕進帳篷，三人躲在裡面看人鷹大戰，鳥禽仗著鷹多勢重，不僅趕不走，還步步逼近想入侵野餐墊，那對情侶只好無奈打包走人。還有一次在京都市區馬路上，遠遠就看到一群老鷹在空中盤旋，我們充滿疑惑怎麼車水馬龍的地方也有老鷹聚集，靠近一看才發現，原來馬路中間有個掉落的便當，鷹群們搭配著紅綠燈的節奏，抓準時機俯衝吃便當。

最驚險的是在兼六園，那次是帶著長輩同行，而長輩一定會帶點心給孫子吃，但孫子不吃就變成我吃，我便在風景優美、遊客絡繹不絕的兼六園找張長凳坐下來品嘗美味玉米。說時遲那時快，才吃了兩口的我忽然眼前一黑，有個重物落在我手上，還沒回神便感到手上被劃了一刀，然後那個重物翩然離去，周圍的人紛紛發出驚呼，原來是老鷹想搶奪食物呀！被鷹爪踩踏過的玉米，我當然不敢吃了，檢座也深怕我手上的傷口發炎，離開兼六園後馬上到藥妝店買藥消毒，只能說猛禽的眼

力和攻擊力真的好強啊！

　　說到老鷹，就想到日本隨處可見的烏鴉。有一次在公園，走在前頭的檢座約莫距離我十步，我遠遠看到有隻烏鴉飛下來，停在他正前方的枝椏，檢座也有微微抬頭，當時我心想「那隻烏鴉該不會要大便吧？」也認為檢座應該有看到，不會從烏鴉的正下方走過去，想不到他沒有停下腳步的意思，說時遲那時快，我還來不及開口，一坨屎就不偏不倚地迫降在檢座頭上，看來檢座真的沒有賭運呢！因為事後他說有懷疑那隻烏鴉要解放，但他賭不會剛好大在他頭上

所以繼續往前走，但想想他說的也沒錯，烏鴉沒有故意大在你頭上，是你自己走過去接的。

4. 京都貴船神社川床體驗

　　每次來貴船神社，都很想在川床上體驗美食，但是流水麵要排很久，高級料理看起來貴又不美味。有一次無意間發現「奧貴船 兵衛」有賣咖啡，而且可以在川床使用，當下已經接近 Last Order，所以沒人排隊，我們就滿懷欣喜地準備坐在川床要悠閒了。那時接近傍晚，正是蟲子最多的時段，有一隻約三公分大的飛蟲怎麼趕都趕不走，還直接停在噴了防蚊液的太子身上，嚇得他直接定格，想哭卻哭不出來，我抄起川床座墊狂揮，揮不走那隻蟲就算了，還失手把座墊揮到川裡，等檢座狼狽地撈起座墊後，發現腳底被蟲叮了一口，一家三口落荒而逃，休閒的下午茶直接淪為一場鬧劇。

5. 四國的夜路

有一年在四國旅行時，前往飯店的路上天色已黑，飯店在四國的最南端。原本以為應該沿著海岸走，但汽車導航指引的路線是山路，所以我們還是往山裡開了。下雨的山路有些濕滑，因為這裡人煙罕至，竟然遇到兩隻山豬寶寶過馬路，檢座索性慢慢開，抱著「等等也許還會有小動物過馬路」的心情，倒也算愜意。

沒想越往山裡走霧氣越濃，明明山勢沒有很高，能見度僅不到兩公尺，如同開到雲裡。由於整條山路只有我們這輛車，充滿想像力的我，忽然想起很多靈異事件發生在山裡，很害怕霧的前方會突然出現什麼嚇人的東西，但作為副駕不敢鬆懈，緊張兮兮地幫忙看路，檢座還笑著說：「這種地方晚上應該不敢一個人來吧！」為了舒緩緊張感，我放起了歌一起合唱轉移注意力。由於前不著村後不著店，眼前一片黑漆漆又白茫茫，只有我們一輛孤單的小車在雨夜中緩緩前進，眼下的情境實在太像懸疑推理小說或恐怖片的場景，頓時沒了唱歌的心情，趕緊看著導航路線，協助提示檢座路的轉向；雨越下越大，我們的車如墜入五里霧般完全迷失方向，不知何時目的地才會出現……。戰戰兢兢地開了半個小時，總算到了海岸，霧漸漸散去，路也漸漸明朗了。那時訂的飯店主打可以看到滿天星斗，可

惜天象不佳，加上旅途的驚恐及疲憊感，只能早早歇息。

自助旅遊總是充滿驚喜，因為害怕人多擁擠的地方，就會想往二三線城市甚至人煙罕至的景點去。這時候總會覺得有伴真好，很多一個人不敢做的事情，兩個人一起就容易多了。

6. 富國島之旅

富國島是太子同學家長主揪的難得非日本行程，但與其說是我們的驚險經驗，不如說是同行家長的驚嚇經驗吧！富國島是個美麗的海島，所以比基尼一定要放到行李箱裡，檢座當然沒錯過這個裸露的機會，採購了三套保守的泳裝；自由活動時刻，我們兩人當然悄悄換了泳衣，在不驚擾別人的狀況下去海灘拍照。

第二天媽媽們相約去按摩，爸爸們留在飯店顧小朋友。因為按摩大家都很滿意，想說也可以讓爸爸們來放鬆一下，所以我聯絡檢座，問他要不要加入爸爸們的按摩行程，結果這傢伙說他在飯店沙灘拍比基尼照，問他「你哪來的比基尼？」還沒等我說完，檢座就自首：「我的泳衣沒乾，就穿妳的了！」當下我心想「OMG！飯店不是還有其他爸爸嗎？你一定要這樣挑戰大家極限或傷害大家眼睛嗎？你都不怕

爸爸們硬了嗎？（我說的真的是拳頭）」話說我穿著比基尼在家長面前，還是有點害羞，但這傢伙真的很猛，不停在突破（大家的）極限。

　　回飯店碰面後，檢座確定會加入爸爸們的按摩行程，我大概向他敘述了一下按摩的流程是什麼，讓他有心理準備。因為按摩師幾乎都是女生，也要根據性別安排房間，基本上兩到三人一間，所以檢座就與兩位爸爸一起去按摩了。越式按摩包含油壓，所以需要脫光光換紙內褲，另兩位爸爸可能顧慮到檢座（是擔心自己還是檢座會尷尬？），本打算不要脫內褲，但店家說一定要換，還好房間內有浴室，檢座匆匆進去換好，速速在床上趴好，這一 Part 就這樣過關了。過程中大家靜靜地趴好倒也相安無事，按完要起身時，有一 Part 是拍背，三位爸爸以上空的姿態座著，毫無遮掩，大家可能覺得男生的胸部沒什麼看頭，但檢座不是一般男人啊！別人的是 [。][。]，他的是 (。)(。)，活生生兩坨，而且之前一起去買內衣時，櫃姐說他要穿 C 罩杯，我頓時無法控制音量大喊：「蛤！他這樣也有 C 罩杯？（心想難道是 C 罩杯的圓周、A 罩杯的高度嗎？）」總之，檢座非常羞愧卻只能裝沒事，眼睛深怕與另外兩位爸爸對到（我相信他們也很怕），那幾秒有如數分鐘之久，後來終於拍完了，在場男士都豪邁地直接脫掉紙內褲，換回自己原本的衣物，檢座則遮遮掩掩地保護（多餘的）胸部，以迅雷不及掩耳的速度直接把衣服穿上，穿著紙內褲回飯店（有人想知道這麼詳細嗎？）。

　　所幸大家都是見過大風大浪的成人，另外兩位爸爸也若無其事地跟自己家人會合。後來我跟媽媽們聊起此事，聽到的媽媽都笑瘋了，因為同房間的爸爸們回去什麼都沒說，不像檢座回來可以敘述很多轉折，不知道那些爸爸們是嚇壞了，還是根本不想回憶那個房間裡發生的事情……

7. 消失的高鐵車票

　　我的公公是台南人，每次過年回台南總是充滿驚險，因為扶老攜幼，狀況一定比較多，高鐵票怎麼分票亦是個學問。如果只有我跟檢座兩人，一定是手機分票，我也曾帶著長輩嘗試手機分票，讓他們體驗高科技的便利，但第一次引導他們操作 App，看他們充滿疑慮，加上長輩的手機總是很容易沒電，所以後來只要家族出門，我都印紙本車票，沒想到這次還是出狀況了。

　　從台南回台北，我都會安排提早到高鐵站，除了有時間吃飯或逛逛旁邊的Outlet，也避免塞車趕車的情況發生。有一年上高鐵前二十分鐘，我和檢座悠哉地在高鐵站等車並等待家人集合，一邊回想著這次旅途還算順利，沒想到發車前十分鐘，檢座進閘門前找不到車票，眾人瞬間大驚！我記得我在到達高鐵站時已把紙本分給大家，當時還擔心會不會有人搞丟，但檢座完全沒有印象。我們詢問閘門的票務人員票卡遺失如何是好，得到的答案是「不記名購票，誰撿到就誰拿去用，但可以提出證明有人侵佔車票並報警。」此時我心裡在想，為什麼站務人員不認識這位「最美檢座」，這張臉在這重要時刻竟派不上用場，至少先讓我們進站找票或補票都好啊……，眼看車要開了，檢座讓我帶著太子跟行李先上車，他再去買票。

　　看著檢座優雅（慢吞吞）的動作，很擔心他到底能不能趕上車，我焦慮到太子在月台跟我走反方向都沒發覺，還好婆婆的眼裡只有金孫，速速把太子叫了來，事後回想，當下應該直接手機購票，上上下下根本浪費太多時間，果真猝不及防的時候總會心慌意亂。上車安置好行李和太子，檢座打電話來問我們在哪，我：「我們上車啦，你趕快上車！」檢座：「妳不是說八點五十開車？」我：「是八點四十一！我一直都說八點四十一！」結果車開了，我從車窗看到一個美麗的身影站在月台目送我離去……。公婆一頭霧水地看著媳婦和金孫，卻不見他們的寶貝兒子，加上我們的座位沒劃在一起，只有公婆是同一列的，

於是婆婆跟太子換位置，才不會發生金孫與陌生人坐的窘境，當下我只感到萬念俱灰……。後來檢座擠上後一班車的自由席，我也冷靜回想到底發生了什麼事，還有我從沒說過八點五十，到底怎麼出現這個時間的？（是不是老公都沒認真聽老婆說的話？還是根本沒有在聽？）我也擔心以他這麼「尊貴」的身分，委屈地擠在自由席，萬一被網友認出豈不是很狼狽，畢竟他偶包超重的啊！

　　我們各自堅稱自己的記憶沒問題，他也多次檢查了包包，就是找不到車票！後來檢座發現他搭的車會少停一站，可以在台中站與我們會合，此時忽然覺得稍微安心，我也再次檢查自己的包包，赫然發現「我有兩張票啊啊啊啊啊啊啊啊！！！」馬上用盡所有貼圖道歉（還慶幸自己剛剛沒有發脾氣），嚇到差點飆淚，沒想到檢座只淡淡地回了「沒關係，因為我愛妳！」其實發現票的當下，我想過要不要湮滅證據裝沒事，畢竟新車票也買了，但我覺得如果真相沒有大白或錯過了認錯的時機，應該會是心裡一輩子的疙瘩（當下只是很單純地怕自己過不去這關，沒想到卻讓檢座有了耍帥的機會！）。列車抵達台中站後，看到檢座上車，我總算鬆了一口氣，已經很久沒有那種「見到你真好」的感覺（還是其實只是種「做賊心虛」？）這次的心得就是，以後訂票該拿紙本就拿紙本，該用手機分票就用手機分票，還有我腦補功力真的太高了，高到連我自己都驚呆了！（還是其實是癡呆了？）

8. 滑雪慘兮兮

　　2016年我們在石川縣旅行，最後一站來到了立山山麓，想體驗一次滑雪，由於我跟檢座都覺得Snowboard比Ski（雙板滑雪，兩腳分別固定於兩個雪板上，手握兩根雪杖）滑行還帥，因此選擇了單板滑雪，殊不知當時沒在運動的我，滑Snowboard根本就是自討苦吃。當天吃完早餐到達滑雪用品租賃店時已經十點，才發現原來立山山麓所有的滑雪課程有兩個時段，分別是早上十點及

下午一點，且需要提早十分鐘報到，所以我們剛好錯過了早上的課程。

由於我們是第一次滑雪，全身裝備包含滑雪衣、滑雪褲、護目鏡、Snowboard 專用鞋、滑雪板和毛帽都是用租的，兩個零經驗的土包子以為在雪地待那麼久一定很冷，原本的衣褲都捨不得脫便直接套上雪衣雪褲，結果被店員阻止，說這樣穿會很熱且無法活動，雪板靴內則可以穿上厚襪子。好不容易整裝完畢，已經用掉兩成體力，抱著雪板走到滑雪場，體力再去掉兩成並開始冒汗，只剩六成體力用在練習穿好雪板站起來。在雪地適應雪板約莫一小時，我已經餓了，慢慢移動到滑雪場邊的食堂吃咖哩飯稍事休息，差不多到了上課集合時間就前往租賃站。下午的課除了我跟檢座，還有兩位日本女孩，教練是位非常年輕的男生，講話超溫柔又有耐心；大家做完暖身操後，開始到雪地練習基本動作，雖然另兩個女生也是初學者，動作雖不到位，但做起來

都臉不紅氣不喘，疑似平常有在運動，不像我早上已耗掉一堆體力，連踩上雪板站起來都很吃力；而且那兩個女生非常安靜，不像我一跌倒或滑得比較快就不停地哇哇叫（是說日本女生應該很會叫才對啊？！），更扯的是，當天天氣不是很好，光是站在雪板上，一陣大風吹來都可以把我吹倒……。

好不容易要上纜車，雖然教練已有說明注意事項，但看到纜車我還是好緊張，因為要上纜車前有一個小坡要滑下去，然後停在前方的空地，等到纜車來了碰到小腿，自然而然就會坐上去了，但是我滑那個小坡是跌下去的啊～～～有了第一次跌倒的經驗，那邊的大叔們第二次看到我來了，全部都站起來做好我會跌倒的準備，果真第二次上纜車前我跌得更慘，兵荒馬亂中大叔們趕快把我拉起來，直接往纜車上扔，總算是平安地坐了上去。

我們買了三張纜車票，但是只用了兩張，第一趟教練在教大家怎麼滑下去時，每個人的實力明顯不一樣，檢座體力較好，很快就滑了下去，雖然中途他因為怕停不下來只好跌倒，沒想到這一跌因為速度過快，趴在雪地肘撐的時候打了自己鼻樑一拳，幸好只是皮肉傷，另外兩個女生也慢慢地滑下去了，只有我一個人還滑不下去（當年我是個完全沒在運動的肉腳），後來教練看我落後太多，牽著我一起滑，中間還是跌了好幾次，而且牽著我的教練也會跟著一起跌，為了避免壓到我，被我拉倒之後他還要往旁邊飛，教練每次一爬起來，都很緊張地問我：「大丈夫？」其實我對他很不好意思，每次都是拉著他我才起得來，他還是很認真又有耐心地帶著我滑下去。

但是慘烈的事發生在後頭，第二次上山時，我跟檢座不好意思耽誤另外兩個日本女孩，所以休息一下才自己上山。滑沒多少距離我已經沒體力，站都站不起來，即使檢座扶著我起來還是很吃力，一直想脫掉滑雪板用走的，但被檢座阻止，他說在滑雪場不穿雪具走路很危險，不過我真的到了極限，他只好說讓我只脫一隻鞋，走到前面的坡再滑下去，但脫了一隻就會忍不住順手脫了另

外一隻，於是慘劇便發生了，解開雪板扣子的瞬間，它便迫不及待地以光速離去，我只能眼睜睜看著它飛奔自由，一路非常順暢地滑下山，眼看前面有個小坡，心想它會不會就停在那裡，結果並沒有，它還是輕巧地越過了那座小坡一路滑過去。對比那塊愉悅的雪板，我的心裡只有絕望，此時檢座雖然煩惱著如何收拾這個殘局，擔心滑板傷到人或找不到，卻仍像個男子漢對著我說：「妳在這邊坐著不要亂動，我找人來救妳！」

看著檢座帥氣地彈起一路往山下找救兵，即使腳抽筋仍奮不顧身地往下滑，跌倒了馬上站起來，真是我心目中的英雄。確認他已經滑到山底時，我默默坐了一會兒，心想：「其實我沒有受傷，如果不能在滑雪坡道走路，那就慢慢用屁股滑下去好了……」於是就坐在雪地，雙手撐著地慢慢前行，尾椎那股涼感，深深覺得自己已經不是小孩了，沒有屁股三把火這回事，同時又擔心萬一檢座上來了找不到我該如何是好，不禁加快速度，好不容易到了平地，穿著難以行動的板靴努力加緊腳步去租賃中心，遠遠看到檢座跟多抱一塊雪板的教練正前往纜車，立刻奮力地向他們招手，檢座應該是一心想要往上衝，一如往常地看不到我，還好教練發現我的存在，檢座還一臉疑惑我怎麼就下來了……。最後，筋疲力竭的兩人歸還工具便回民宿休息，為了避免感冒，立馬把我那從冰庫拿出來的屁屁泡到溫泉裡，原本還想搭纜車去看煙火，但是已經體力透支站不起來，除了吃晚餐，整晚我都是躺平的。所以那時我們決定要多運動，把體力練好，增強核心肌群，下回再來挑戰，但隔了四年，我們才第二次踏上雪場，開始看 YouTube 自學。

9.2024 年雪季

2024 年日本的冬天真的很短，特別是關西的雪場，很多都提早關閉了。我們在跨年時曾經來滑過一趟，但喜歡的雪場沒有滑到，所以 2 月底又來一

次。因為我們都看 YouTube 自學，進步得很緩慢，看著比我晚接觸雪板的朋友已經滑得比我好，就想請教練試看看。身為慢吞吞 Family，對於這種「有計劃」的行程總是壓力很大，最後遲到了四十分鐘才出現在（表情管理不是很好的）教練面前，結果關西雪場有開的實在太少了，又碰上日本連休，教練匆匆帶著太子去租雪靴雪板，指示我先去排餐券，我當下一頭霧水，為什麼不是先買纜車券卻先要排餐券。總之我去排了，排了很久，遠遠看到檢座像無頭蒼蠅一樣走來走去，直覺告訴我他在找東西，觀察一下他身上少了什麼，看來是掉了一隻手套，但滑雪沒有手套怎麼滑？當然只好再買一雙啦！買好手套我持續在排餐券，買到後距離跟教練會合已經過了五十分鐘，總算可以開始滑雪了。

此刻的六甲山滑雪場，感覺有隨時都有武林高手輕功飛出，練背滑跟 S turn 時，超級害怕撞到人或被撞到，而且唯一開放的雪道只有兩百六十公尺，可能搭纜車共耗費十分鐘，滑下來不到五分鐘。但這趟的坎坷不只如此，因為新買的手套又掉了一次，還好太子眼尖發現立刻提醒老子，不然可能還要再買一雙。午餐時雖然已先買好食物券，但還要看有沒有座位，還好當媽媽的總是眼明手快，看到有人準備起身，馬上往旁邊一站搶得先「几」。餐後我讓檢座和教練一起上課，畢竟同時教三人效率實在太差了，到後來其實是三人輪流上

課，沒想到當我帶著太子回到雪道時，檢座說：「妳去滑吧！教練說我滑得很好，沒有東西可以教我了！」（哎呦！自學到這個程度，屁股翹得還挺高的嘛！）我跟教練練習了兩趟，差不多要打道回府了，此時檢座又問：「妳有看到置物櫃鑰匙嗎？」我．「沒有啊！從頭到尾沒看到。」檢：「知道了！那我處理。」然後轉身離去處理事情，想必各位也知道發生什麼事了。會面時我問他：「後來怎麼處理？」檢座說：「請櫃檯處理，結果直接破壞，花了兩千日幣。」嗯哼～人生到了這個階段，錢能解決的都是小事。

滑完六甲山，我們還念念不忘琵琶湖，每天持續關注雪場營運狀況，無奈一直都是積雪不足暫停開放，所以休息一天後去了奧伊吹，畢竟要趁熱度還在的時候練熟新把戲，但即使是關西的最大雪場，雪況依舊不佳，雪很薄地很硬，摔個三次我就怕了，決定下次還是戴安全帽來練吧！

話說這天也是有突發狀況的，出門前檢座指著粉紅外套說：「我要穿那件！」但我也想穿，當下以為他聽到了會讓給我，我同時還在他面前試雪褲搭配。好不容易大包小包上車出發了，沿途還要安撫不耐小童，到達目的地在車上換雪鞋時，檢座疑惑說：「咦！妳的雪衣呢？」我：「我跟你說我要穿粉紅色的啊！」原來我們少帶了一件雪衣！檢座只能把雪衣讓給我，還逞強地說：「沒關係，今天不冷，我穿這樣就好了。」最後他還是租了件外套，因為衣服不防水，即使出太陽，但還是有飄雪啊！到底是誰說衣服可以共穿很好的？

10. 母子趕車驚魂記

有趟京都行因為我有事要回台灣處理，也擔心太子請太多假，就帶著他先行回台灣，檢座早早就把我們送到車站，準備搭 JR 線去機場，沒想到已經穿了外套的太子，下車還是拼命地邊喊冷邊彈跳，搞得本座毛躁了起來，匆匆看到一台升降梯便趕快搭下去，心想到室內就比較不冷了，沒想到卻是錯誤的開

始。原本時間還很充裕，要幫檢座領取回國的車票，說到這兒又是另一個故事，去程抵達關西機場時，我趁著檢座去租車，先去櫃檯買了我和太子回程往機場的車票，後來跟檢座會合，確認好他的班機時間後，也幫他先線上訂票，早早把票買好，就是為了避免沒位置，以及帶著沒耐性的小童排隊太痛苦。

　　結果到了機台要取票，不知道為何一直進不了取票畫面，既然無法取票就會合的時候再說吧！我繼續找尋月台，走到了 JR 八条通口，此時檢座打電話來了，跟我說他在中央口，那邊有標示關西空港線，當下我立刻傻眼，原來我走錯地方了！此刻距離發車只剩十二分鐘，帶著小童和行李的我卻找不到月台，如果等檢座找到我們再帶我們去月台，一定來不及，心慌意亂之下隨手找個人問路，看著陌生的平面道路，決定原路回去找月台，當下速速跟太子說：「我們走錯地方了，要用跑的去找月台，不然沒趕上車會搭不到飛機。」終於跑到了中央口，本想讓太子跟他老子說聲掰掰，結果那位老兄竟跑去排隊取他的車票……。我和太子總算是搭上了車，但這位小童在狂奔的過程中受到驚嚇，加上沒看到爸爸，憂鬱到哭泣，我摸著他的心跳，感覺他還沒平穩下來，但我又不能責怪他：「就是因為你這傢伙一下車就呼天搶地喊冷外加彈跳搞得媽媽心慌意亂匆匆先帶你到不冷的地方再說，結果整個走錯！」下次應該直接巴下去讓他冷靜（欸不是！），或是巴自己讓自己冷靜好了。

國家圖書館出版品預行編目（CIP）資料

我的老公是美女檢察官 / 陳漢章, 雪兒著 . -- 臺北市：水
靈文創有限公司, 2024.06

面；　公分 . -- (自慢；8)

ISBN 978-626-98114-1-0(平裝)

1.CST: 陳漢章 2.CST: 檢察官 3.CST: 傳記

783.3886　　　　　　　　　　　　　　113007691

自慢 008

我的老公是
美女檢察官

作者、圖片提供	陳漢章、雪兒
封　面　攝　影	林巳高 Sven
妝　　　　髮	比爾造型娛樂工作室（呂任犀、楊宇靖、劉文惠）
內　頁　攝　影	陳嵩壽
服　裝　贊　助	Caspia Lili

總　　編　　輯	陳嵩壽
編　　　　輯	陳柏安
視　覺　設　計	林晃綺
行　　　　銷	張毓芳
出　　版　　社	水靈文創有限公司
郵　　　　撥	臺灣企銀 松南分行（050）11012059088
地　　　　址	11444 臺北市內湖區內湖路一段 387 巷 3 弄 2 號 1 樓
網　　　　址	www.fansapps.com.tw
電　　　　話	02-27996466
傳　　　　真	02-27976366

總　經　銷	聯合發行
電　　　　話	02-29178022
初　　　　版	2024 年 6 月
I　S　B　N	978-626-98114-1-0
定　　　　價	新臺幣 480 元